Schlau² = anders

Schlau^2= anders

Ein Diskussions- und Arbeitsbuch Social Work

Katja Koester

uitgeverij
SWP

Schlau^2 = anders
Ein Diskussions- und Arbeitsbuch Social Work
Katja Koester

ISBN 978 90 8850 547 8
NUR 740/847

Inhaltsangabe

Einleitung   9

Kapitel 1

Professionelle Entwicklung eines Social Workers   15

Kapitel 2

Der Social Worker ist sein eigenes Instrument   39

Kapitel 3

Kasus   47

    Kasus 1: Nina spricht nicht   48

    Kasus 2: Gibt es Klomonster?   55

    Kasus 3: Komm, wir gehen spielen!   60

    Kasus 4: Du stinkst!   66

    Kasus 5: Vergewaltigung?   72

    Kasus 6: Nikolaus   86

    Kasus 7: Ab nach Hause   89

    Kasus 8: Hausbesuch   94

    Kasus 9: Hirntumor   98

    Kasus 10: Leander   101

Kasus 11: Allzeit zuständig?   121

Kasus 12: Ein neues Jugendzentrum   125

Kasus 13: Der Umbau   131

Kasus 14: Für was werden wir eigentlich bezahlt?   134

Kasus 15: Was muss ich mir als Betreuer gefallen lassen?   136

Kasus 16: Lesbenschlägerei   140

Kasus 17: Ein Fitnessraum für die Jugendeinrichtung   143

Kasus 18: Jeder Junge ist gut fürs Bett   146

Kasus 19: Er zog mich vom Fahrrad   151

Kasus 20: Kontakt aufnehmen   155

Kasus 21: Spannung   159

Kasus 22: Trauer und Verlust   179

Kasus 23: Die Beerdigung   183

Kasus 24: Marie S.   186

Kapitel 4

Zwei Beispiellösungen/Ansätze zur Bearbeitung   193

Kapitel 5

Dozenten oder Begleiter und Unterricht oder Begleitung   211

Danke   215

Noten   217

Literaturverzeichnis   219

Internetquellen   221

Einleitung

Ein Buch zu schreiben, diese Idee haben viele Menschen. Ein Buch über Erlebnisse und Erfahrungen im Leben, die für sie eine Bedeutung haben, meist auch zur Verarbeitung.

Lange habe ich überlegt, meine Geschichte aufzuschreiben. Zu schreiben über meine Ehe mit einem psychisch kranken Mann, unserem Leben mit einem hochbegabten Sohn und allen Auf's und Ab's einer Beziehung, die nun seit 18 Jahren funktioniert. Dann war da die Idee, über meine Arbeit als Sozialpädagogin zu schreiben – mit all den Erlebnissen, die ich in beinahe 25 Jahren sozialer Arbeit erfahren habe, von der Elementarerziehung, über Kinder- und Jugendarbeit, Elternarbeit, interkulturelle Arbeit, Präventionsarbeit, Trauerbegleitung, Ferienmaßnahmen, Leitungstätigkeiten, Projektarbeit und und und. Diese Liste könnte ich endlos fortsetzen, da sind einige Anekdoten, Geschichten und Erfahrungen zusammengekommen, die mein Leben bereichert haben.

Schlussendlich habe ich mich dazu entschieden, ein Buch zu konzipieren, das einen zukünftigen Professional Social Work dazu anregen soll, über die Arbeit mit Menschen nachzudenken, sich selber kennenzulernen, was in dieser Arbeit meiner Meinung nach unumgänglich ist – denn nur wer sich selbst kennt, kann andere Menschen gut begleiten – und methodisches Vorgehen zu üben, sodass „nur" die eigentliche Umsetzung fehlt.

Deshalb ist dieses Arbeitsbuch entstanden.

AnSICHTssache

In den letzten 10 Jahren, in denen ich als Dozentin – mittlerweile als Hauptdozentin und Berufsaufgabenkoordinatorin für Professionelle Entwicklung und dadurch auch als Vertreterin in der Curriculumkommission und Prüfungskommission an der Hochschule von Arnhem und Nijmwegen aktiv bin, habe ich bereits mit vielen StudentInnen zu tun gehabt, die inzwischen den Abschluss Bachelor of Social Work tragen. In Vorlesungen und auch im Unterricht konnte ich sie durch mein Engagement und meine Praxisbeispiele in den Bann ziehen, die sie zu Äußerungen veranlassten wie: „Du lebst Deinen Beruf und das ist spürbar." Mein Beruf ist auch ein Stück weit Hobby geworden. Ich liebe es, StudentInnen zu zeigen, wie großartig ihre Berufswahl ist und wie viele Chancen in diesem Beruf stecken, der mehr in „Mode" ist denn je. Gesellschaftliche Veränderungen sind tagtäglich zu bemerken, sowohl politisch als auch wirtschaftlich und hinsichtlich sämtlicher Themen, die auf der Welt eine Rolle spielen. Die Welt dreht und verändert sich. Soziale Arbeit wird überall benötigt, obwohl sie eine Profession zu nennen, immer noch fragwürdig dargestellt wird.

Warum fragwürdig? Vielleicht aus dem Grund, dass dieser phantastische Beruf medial stark ausgeschlachtet wird. Schalten wir den Fernseher an, wird uns gezeigt, wie einfach dieser Job ist, dass ihn jeder Talkshowmaster „umsetzt" und Nannys, Streetworker, Schulsozialarbeiter, Schuldnerberater usw. über den Bildschirm sausen. So muss ein jeder denken: So ein bisschen „Mensch ärger Dich nicht spielen" kann doch jeder. Es gibt Sendungen, in denen Hauptdarsteller, die selber schon gewalttätig waren und die Gepflogenheiten in Gefängnissen kennen, jetzt „Retter der Nation spielen". Das finde ich sehr fragwürdig.

Gerade diese Menschen, die in den TV-Formaten gezeigt und teilweise vorgeführt werden, haben eine andere Art von Aufmerksamkeit verdient, da sie tagtäglich ihr Leben meistern und es geschafft haben, sich Hilfe zu holen. Sie haben es nicht verdient, belächelt zu werden, geschweige denn in dieser Form vermarktet zu werden. Wie verzweifelt müssen sie sein?

Mit diesem Buch möchte ich aus meiner Wirklichkeit berichten, mit Respekt und Hochachtung vor Erlebnissen und Erfahrungen, um zukünftigen Social Work Professionals einen Einblick in die Vielfältigkeit dieses Berufes zu geben und eine Idee davon zu bekommen, was sie erwartet.

Ich wünsche allen Lesern viele Begegnungen mit interessanten Menschen, die ihr Leben in ihrer Wirklichkeit meistern. Ich wünsche ihnen die Geduld, diese Wirklichkeit an sich herankommen zu lassen, um ein Stück weit andere Lebenswelten zu begreifen – denn ganz verstehen werden wir einander nie!

In den Niederlanden ist es üblich, sich in Arbeitsbeziehungen zu duzen. Da dies ein Arbeitsbuch ist, nutze auch ich die Du-Form. Wenn ich von Studenten spreche, nutze ich den Ausdruck „StudentInnen", um sowohl den weiblichen als auch den männlichen Studenten zu berücksichtigen.

Sollte jemand denken: „Hier geht es um mich.", dann war dies keine Absicht. Durch Veränderungen von Namen und einigen Gegebenheiten und durch das Weglassen von Ortsnamen habe ich versucht, alle Fallbeispiele zu anonymisieren.

Zum Buchtitel

Welche Assoziationen hattest Du bei dem Titel „Schlau² = anders"?
Kann sich Schlauheit potenzieren? In meinen Augen ja! Jeder bringt bei der Arbeit mit diesem Buch sein Wissen ein. Es entstehen neue Fragen und neue Antworten. Für jeden Beteiligten entsteht neues Wissen, entstehen neue Einsichten, alleine oder gemeinsam mit Anderen. Wissen vervielfacht sich und mit dem Einfluss auf viele Wirklichkeiten und Erfahrungswelten verändert sich die Schlauheit, sie wird anders. Wenn ein Mensch sich für den Arbeitsbereich Social Work entscheidet, entscheidet er sich für Menschen. Jeder Mensch ist einzigartig und diese Einzigartigkeit bedeutet, dass auch wir als Social Worker einzigartig sind. Unsere Einzigartigkeit sollten wir durch bewusstes Lernen, dem Sammeln von Erfahrungen, durch das Erlangen von Einsichten, durch das Lernen von Fertigkeiten, durch das Entwickeln der eigenen beruflichen Identität noch einzigartiger machen. Dies umzusetzen und durchzuhalten, trotz menschlicher Höhen und Tiefen, bedeutet für mich auch schlau zu sein und seine diesbezügliche Intelligenz zu potenzieren. Also mach auch Du Dich auf den Weg, schlau²=anders zu werden.

Für wen ist dieses Buch?

Dieses Buch ist für StudentInnen und deren Begleiter im Rahmen von Social Work geschrieben. Für Begleiter im Hochschul- oder Universitätssystem unabhängig davon, aus welchem Land der Welt sie stammen. Voraussetzung ist, dass sie Deutsch oder Niederländisch können. Dieses Buch erscheint in diesen zwei Sprachen. Ich kann mir auch vorstellen, dass dieses Buch für angehende Erzieher oder Menschen, die im Rahmen des Fachschulunterrichts verwandter Berufe tätig sind, eine Bereicherung sein kann.
Auch Arbeitsteams im Rahmen von Social Work könnten das eine oder andere Thema als Arbeitsgrundlage nutzen.
Ausschließen möchte ich niemanden. Wichtig zu wissen ist, dass dies ein Buch ist, das *keine Wahrheit* erzählt. Es erzählt *meine* Erlebniswelt, *meine*

Wirklichkeit, die ich zum Nachdenken, Bearbeiten, Lernen, zur Weiterent-
wicklung und zum Diskutieren zur Verfügung stellen möchte. Gerne ent-
wickle auch ich mich weiter und nehme allzeit Anregungen entgegen.

Was findest Du in diesem Arbeitsbuch und wie gehst Du damit um?
Wie schon im vorherigen Absatz beschrieben habe, möchte ich mit allen
bearbeiteten Themen nicht die Wahrheit erzählen oder etwa behaupten, so
funktioniert die Welt. Jeder hat seine Art und Weise, die Welt, die Menschen
und ihr Verhalten zu betrachten. Und das ist gut so. Richtig oder falsch
ist nicht immer wichtig, sondern die Auseinandersetzung mit Themen und
dem, was daraus entsteht.
Dieses Buch bietet vom Einband bis zur letzten Seite unterschiedliche Themen und Möglichkeiten der Auseinandersetzung.
Innerhalb des Buches sind Fotos zu finden, die StudentInnen unter dem Ar-
beitsthema: *„Das ist Social Work in Bild und ohne Ton"* aufgenommen haben.
Diese Bilder verkörpern für sie dieses Thema und ich denke, sie bieten viel
Gesprächsstoff und Möglichkeiten zur Beschäftigung damit.
Im ersten Kapitel möchte ich über das Thema „professionelle Entwicklung"
schreiben. Die Auseinandersetzung mit Thema soll zum Einen zu der Diskussion anregen, ob diese Disziplin auch in anderen Ländern ein „Fach" werden
kann/soll, um in einer ständig verändernden Gesellschaft den Weg dahinge-
hend zu ebnen, sich als sozialer Professional stetig weiterzuentwickeln und
zum anderen dazu, erste Schritte in diese Richtung zu unternehmen.
In Kapitel zwei möchte ich Lesern die Möglichkeit bieten, über sich und ihre
Entwicklung nachzudenken.
In Kapitel drei gibt es Kasus, also Fallbeispiele, mit Möglichkeiten zur Bearbeitung. Diese Fallbeispiele sind nicht nur zur Übung für StudentInnen
gedacht, sondern auch zur Bereicherung von Vorlesungen und Gestaltungs-
möglichkeiten für den Unterricht. Selbst für Teamsitzungen oder Teamt-
age können, auch die vorherigen Themen, ausreichend Diskussions- und
Gesprächsstoff bieten. Zu jedem Kasus gibt es Fragen oder es besteht die
Möglichkeit selber Fragen zu entwickeln. Die Fragen betrachte ich nicht
als vollständig. Es gibt sicherlich noch mehr Fragen zu Themengebieten,
die hier keine Beachtung gefunden haben. Diese dürfen gerne ergänzt und
bearbeitet (und natürlich zugeschickt) werden. Sie helfen, die Fallbeispiele

zu analysieren oder sich persönlich Fragen zu stellen. Eine Möglichkeit zum Bearbeitungsvorgehen und die Hauptfragen, die beinahe auf jeden Kasus zutreffen, sind auf dem zum Buch gehörenden Lesezeichen zu finden. Sie wandern quasi von Kasus zu Kasus mit.

Die beschriebenen Erfahrungen sind unterschiedlicher Art. Es gibt Kasus, die sehr kurz sind und andere, die sich in mehrere Teile gliedern. Die Seiten sind so aufgebaut, dass man die folgenden Abschnitte, also Ergänzungen zur Bearbeitung des ersten Teils, noch nicht sieht. Diese geben dann wieder einen anderen Blick auf die Welt.

Gerne dürfen die Kasus auch erweitert oder abgeändert werden, um sich den sich daraus ergebenden Effekten zu stellen und sich weiter zu professionalisieren.

Kapitel 4 bietet Beispiellösungen zu einigen Kasus. Auch diese „Lösungen" sind Beispiele von Herangehensweisen und stellen nicht die Perfektion dar. Sie bieten ebenfalls die Möglichkeit zur Diskussion oder sind als Lernmaterial zu nutzen.

Im Kapitel 5 möchte ich Dozenten einige Ideen liefern, die Unterstützung zur eigenen Haltung zu reflektieren und/oder Hilfen zur Planung des Unterrichts bieten können.

Ich wünsche allen Lesern sich entwickelnde Gedanken, Lernfortschritte, intensive Diskussionen, Austauschmöglichkeiten und Schlau^2 = anders.

Kapitel 1

Professionelle Entwicklung eines Social Workers

Definition:

„Professionelle Entwicklung ist ein unbewusster und bewusster Prozess, der Lernen, Entwicklung und professionelles Handeln in einem beruflichen Kontext beinhaltet. Professionelle Entwicklung geschieht unterschiedlich intensiv, in verschiedenen Lebensphasen und ist nie abgeschlossen." (Koester, 2013)

Koester (2013) schreibt:

Dieser oben benannte Prozess steigert die Bewusstwerdung und das Bewusstsein für die zu lernende Profession und dafür, was der Professional hierin erreichen will und welchen Weg er einschlägt. „Die reflexive Auseinandersetzung mit dem eigenen Lernen ist eine Voraussetzung für die Selbststeuerung des Lernverhaltens und die Entwicklung der Selbstlernkompetenz." (Son & Schwarz, 2002, in Jenert, 2008). Über sein reflexives Lernen und die aktive bewusste und unbewusste Auseinandersetzung hiermit, mit Hilfe von Erkenntnissen bspw. über Lernvorlieben, Lernstil, Lerntechniken wie Lesetechniken, Literatursuche usw. (epistemisches Wissen[1]), lernt der Student, sein Lernen zu ordnen und voranzutreiben, Lern-Strategien und -Methoden kennenzulernen und zu entwickeln und diese über das Studium hinaus zu nutzen.

Mit Hilfe des reflexiven Vorgehens, das durch verschiedene didaktische Methoden (experiential learning / learning circle von Kolb[2] Reflection-in-action und
Reflection-on-action[3], Intervision, Supervision) gelernt wird, entwickelt sich der
Student professionell in seiner Profession/seinem Beruf. Durch die bewusste
und unbewusste Auseinandersetzung lernt der Student, seine Meinung zu
formen, Standpunkte einzunehmen und eine Vision zu entwickeln. Er lernt,
dass seine Kompetenzen [sein Wissen (auch über sich selbst = meta-kogni-
tives Wissen), seine Fertigkeiten und seine Haltungen], sein Werkzeug sind.
Ich betrachte Lernen als einen bewussten und auch unbewussten Prozess, in
dem auch Gedanken und Gefühle eine Rolle spielen (ganzheitliches Lernen).
Ich gehe davon aus, dass Motivation zum Lernen durch die Verbindung von
Gelernten und eigenen Erfahrungen und umgekehrt entsteht (Unterstützung
des Lernprozesses/lebenslanges Lernen). Die Beschäftigung mit dem Thema
Berufseinsicht/Berufsvision mit ergänzenden Themen wie Geschichte, Ethik,
Dilemmas, Diversität, Trends und Internationalisierung des Social Workers hel-
fen, das Bild zu vervollständigen.
Die hier hervorkommenden zentralen Lernthemen, die helfen, professionelle
Entwicklung als dauerhaften nicht endenden Prozess zu betrachten, sind zum
professionellen Handeln unverzichtbar.

Für die professionelle Entwicklung nehme ich noch ein viertes Lernthema hinzu: Die Identität als agogischer Professional. Themen wie „Ich als Instrument",
Kreativität, Moral, Werte und Normen stehen hier zentral. Ein professioneller Hilfeleister sollte in spezifischen Situationen kreative Lösungen finden und anwenden. Durch die Auseinandersetzung mit dem Thema Kreativität innerhalb des
Lernprozesses werden die Identität der StudentInnen und ihre Vision hinsichtlich des Berufes beeinflusst. Hierdurch unterscheiden sich Social Worker von
anderen Berufsgruppen. Sie haben die Möglichkeit, sich zu einem normativen
kreativen Professional zu entwickeln. Normativ kreativ bedeutet: sich über seine Normen und Werte bewusst sein, zu wissen, was man will und kann, und
zu denken und handeln außerhalb von feststehenden Kadern. Innerhalb eines
Studiums sollte das Arbeiten sowie die Arbeitssituation ausgehend von Moral,
normativen und ethischen Gesichtspunkten zu betrachten forciert werden. Der
Student lernt, sich seiner ethischen Einstellung bewusst zu werden und vor diesem Hintergrund Entscheidungen zu treffen. Er sollte Effekte ausgehend von

verschiedenen Bedeutungen von Werten und Normen in verschiedenen Kulturen untersuchen. Er sollte lernen seine Werte und Normen als Ausgangspunkt zu nehmen, die Werte und Normen anderer zu erkennen und sein Handeln hierauf abzustimmen. Denn gerade in der sozialen Arbeit ist es wichtig eine Akzeptanz für die Werte und Normen anderer zu entwickeln und nicht seine als selbstverständlich oder als einzig richtige Lebensweise zu betrachten.

Der kontinuierliche unbewusste und bewusste Prozess des Lernens sollte der Ausgangspunkt für jedes Curriculum sein, worin die vier oben genannten Lernthemen eine Rolle spielen. Es sollte Möglichkeiten zum Experimentieren und Fehler machen geben, zum Diskutieren, es sollte Raum geben für Entwicklung und Platz für professionelle Lerngemeinschaften, deren Teil auch die Dozenten, Professoren, Lektoren und Begleiter der Studenten sind. Sowohl die Professionals aus der Praxis sollten hier einen festen Platz haben, als auch Alumni (die ehemaligen StudentInnen einer Ausbildung). Sich auszutauschen und ein Miteinander in einer sich rasend verändernden Gesellschaft zu entwickeln sind unumgänglich. Signale und Trends wahrzunehmen und hierauf adäquat zu reagieren, erfordert mutige, lebendige, energetische und unternehmende Professionals. Kontrollpunkte einer Entwicklung sollten Prüfungen darstellen. Natürlich ist dies immer ein spannender Moment für StudentInnen, doch durch das gemeinsame Lernen und die Akzeptanz, dass Messpunkte zur eigenen Überprüfung beitragen eine Beurteilung natürlich auch unumgänglich ist, kann die Spannung ein wenig genommen werden.
Diese Messpunkte regen StudentInnen zum Nachdenken darüber an, wo sie aktuell stehen und welche Lernziele sie sich persönlich setzen, einen eigenen Plan zu entwickeln und sie überlegen, wie sie ihr Ziel erreichen.

Das Zusammenspiel von Wissen, Fertigkeiten und der Haltung, dem Kompetenzlernen unter der Berücksichtigung der Tatsache, dass die Verbindung von Kompetenzen und dem aktiven Handeln in der Praxis zum Lernerfolg führen, sollte der Student durch Metareflexion aufzeigen können und damit verdeutlichen, wie er sich professionell entwickelt und das Gelernte in sein berufliches Handeln integriert.

Es sollte bei allen Lerninhalten immer Momente geben, die Raum lassen, um Verbindungen zwischen den Lerninhalten und der Praxis herzustellen. Wofür brauche ich das Gelernte? Wie wende ich es an? Warum ist es so wichtig?

Um diesen Gesamtprozess der professionellen Entwicklung gut zu unterstützen, sollte eine kontinuierliche Studienlaufbahnbegleitung und/oder Praktikumsbegleitung integriert sein.

Diese beschriebenen Lernthemen haben zusätzlich zu allen curricularen Inhalten Aufmerksamkeit verdient und sollten mit den anderen Wissensgebieten in Verbindung stehen.

Um StudentInnen für den Beruf des Social Workers kontinuierlich zu begeistern, sind meiner Ansicht nach Vorbilder nötig. Vorbilder aus der Praxis, Dozenten mit Praxiserfahrung, aber vor allen Dingen Menschen mit einer proaktiven Haltung, Menschen, die selber Spaß am Lernen und am Umgang mit Menschen haben, und die sich nicht scheuen, aus ihrer Praxiserfahrung und auch hier von ihren Fehlern zu berichten. Genau das macht Lernen lebendig und schafft eine Lernbeziehung. Beziehung innerhalb des Unterrichts ist genauso wichtig, wie die Beziehung, die zwischen

Menschen innerhalb des Berufes entstehen muss. Wie sollen Studenten lernen, wie wichtig Beziehung ist, wenn Begleiter als Übermenschen da stehen, als die, die alles besser wissen und keine Fehler machen. In diesem Beruf gibt es keine Taste, mit der man zurückspulen und so Geschehenes ungeschehen machen kann.

Die Situationen sind genauso einzigartig wie die Menschen, die Teil dieser Situationen sind. Meiner Ansicht nach brauchen StudentInnen Orientierung – und Reibungspunkte, auch die Meinungen und Ansichten eines Begleiters, um ihre Ansichten damit abzugleichen und sich eigene Meinungen, Ansichten und Visionen bilden zu können.

Mein Appell: Lasst uns alle gemeinsam lernen, offen werden, uns austauschen und miteinander aus unseren Erfahrungen lernen.

Professionelle Entwicklung in Deutschland und in den Niederlanden

Ich habe nun viel darüber geschrieben, was ein Studium zur Entwicklung eines zukünftigen Professionals beitragen sollte. Aber was muss ein Professional nun können? Wie sieht ein Body of Knowledge (BOK) aus? Welche Fertigkeiten – Body of Skills (BOS) – muss ein Student erlernt haben? Ist nicht eine gewisse Haltung unumgänglich (Body of Attitude – BOA)? Andere fügen noch den Body of Methods hinzu, wobei dieser meiner Ansicht nach dem BOK und/oder dem BOS zuzuordnen ist. Was muss gelernt werden? Wie sieht *das* Berufsprofil aus?

Noch wird der Beruf Social Work, worunter ich die sozialen Studiengänge wie Soziale Arbeit, Sozialpädagogik und nahverwandte Studiengänge fasse, in Deutschland nicht als Profession anerkannt. Der Deutscher Berufsverband für Soziale Arbeit (DSBH) hat sogenannte Schlüsselkompetenzen zusammengefasst, die eine erste Übersicht darüber bieten, was ein Social Worker können sollte. Er beschreibt Social Work dennoch als Profession:

Gerechtigkeit, Verantwortung und Sicherheit – Soziale Arbeit positioniert sich

Professionspolitik ist Gesellschaftspolitik
Die Profession Soziale Arbeit entwickelt sich einerseits in der wechselseitigen Beeinflussung von Wissenschaft, Praxis und Forschung, andererseits positio-

niert sie sich im Spannungsfeld zwischen Lebenswelt. Daneben ist Sozialarbeit eingebunden in Staat, Gesellschaft und Lebenswelt.

Lebenswelt und System (also staatliche, ökonomische, bürokratische Strukturen) haben sich immer weiter auseinander entwickelt. „In diesem Sinn wird soziale Arbeit als „intermediäre Instanz" verstanden, die zwischen Lebenswelt und System vermittelt. Sie bewegt sich dabei auf beiden Ebenen. Auf der Systemebene folgt sie dem Sozialstaatsgebot und anderen Ordnungsvorstellungen und wird entsprechend vom Staat beauftragt. Auf der anderen Seite ist sie verständigungsorientiert in der Lebenswelt der jeweiligen Zielgruppe. Neben den klassischen sozialpolitischen Maßnahmen (Versorgung, Fürsorge) umfasst der Begriff der „Sozialen Arbeit im weiteren Sinn" damit auch gesundheitliche, therapeutische, seelsorgerische, erzieherische, schulische und kulturelle Maßnahmen. Die Vermittlung zwischen Lebenswelt und System lässt sich als Integrationsauftrag der sozialen Arbeit beschreiben. In der analytischen und handlungsorientierten Durchdringung von „System und Lebenswelt",

* *Berücksichtigung der Mensch-Umwelt Komponente, und der*
* *Integration verschiedener Wissenschaften liegt die besondere Qualität sozialer Praxis und Theorie.(Qualitätskriterien des DBSH, 2014)*

Im weiteren Sinne geht es um die „Erforschung von Ursachen sozialer Probleme, die empirische Begleitung des Prozesses sozialer Arbeit und der Einschätzung von Wirkungen sozialarbeiterischer Interventionen (C. Müller)".

Diesem Verständnis von Sozialer Arbeit ist letztlich auch das Bundesarbeitsgericht gefolgt: „Knapp definiert besteht die Aufgabe des Sozialpädagogen in der Hilfe zur besseren Lebensbewältigung, was sich je nach der Problemsituation und auslösender Lebenslage als Entwicklungs-, Erziehungs-, Reifungs- oder Bildungshilfe verstehen lässt. Durch psychosoziale Mittel und Methoden sollen die als Bedürftigkeit, Abhängigkeit und Not bezeichneten Lebensumstände geändert.

Die Tätigkeit des Sozialarbeiters hat die Veränderung des Menschen, seiner Lebenslage und Lebensqualität und der sie bedingenden gesellschaftlichen Strukturen als Ziel beruflichen Handelns.[4]

Auch auf internationaler Ebene hat sich ein Verständnis von Sozialer Arbeit durchgesetzt, das ihren auch strukturellen Auftrag bestätigt. Auf seinem Delegates Meeting in Montreal 2000 hat die IFSW folgende Definition Sozialer Arbeit beschlossen:

„Soziale Arbeit als Beruf fördert den sozialen Wandel und die Lösung von Problemen in zwischenmenschlichen Beziehungen, und sie befähigt die Menschen, in freier Entscheidung ihr Leben besser zu gestalten. Gestützt auf wissenschaftliche Erkenntnisse über menschliches Verhalten und soziale Systeme greift soziale Arbeit dort ein, wo Menschen mit ihrer Umwelt in Interaktion treten. Grundlagen der Sozialen Arbeit sind die Prinzipien der Menschenrechte und der sozialen Gerechtigkeit."

Der DBSH definiert den gesellschaftspolitischen Auftrag professioneller Sozialer Arbeit wie folgt:

„Soziale Arbeit versteht sich als Menschenrechts-Profession. Sie handelt auf der Basis wissenschaftlicher Erkenntnisse und entsprechend begründbarer Methoden. Sie hilft Menschen, eine befriedigende Teilhabe am Leben zu erreichen. Sie unterstützt die Gesellschaft in ihrer sozialen und demokratischen Verpflichtung. Sie handelt auf der Basis besonderer berufsethischer Verpflichtungen. Die Profession Soziale Arbeit hilft Einzelnen, Gruppen und dem Gemeinwesen bei der Lösung von Problemen, die nicht über pflegerische, gesundheitliche und privatrechtliche Dienste zu lösen sind. Die Profession Soziale Arbeit hilft der Politik, in dem sie mögliche Ursachen für Problemlagen benennt (Handlungsforschung) und zugleich über neu entstehende Problemlagen informiert (Frühwarnsystem). Die Profession Soziale Arbeit hilft der Gesellschaft, indem sie unmittelbar den sozialen Zusammenhalt fördert, darüber hinaus gesellschaftliche Veränderungsbedarfe anmahnt, zu deren Umsetzung beiträgt und Teilhabe aller BürgerInnen ermöglicht und unterstützt. Die Profession Soziale Arbeit handelt auf der Grundlage von Schlüsselkompetenzen, die wiederum Grundlage für die Anwendung besonderer Methoden sind." (DBSH, 2005)

Schlüsselkompetenzen Sozialer Arbeit

Vor dem Hintergrund dieser Zusammenhänge hat der DBSH die „Schlüsselkompetenzen der Sozialen Arbeit" entwickelt. Schon der Titel zeigt, dass der DBSH den Begriff „Soziale Arbeit" übernommen hat und verschiedene Tätigkeitsfelder dazuzählt. Neben der Sozialarbeit/Sozialpädagogik werden vom DBSH die Tätigkeitsfelder „Erziehung" (frühkindliche Erziehung, Jugendhilfe und Jugendarbeit, also die Tätigkeitsfelder, die früher zur Sozialpädagogik gerechnet wurden) und die „Heilpädagogik" unter dem Begriff „Soziale Arbeit" erfasst. Die Schlüsselkompetenzen sind ein Beitrag zur Verbesserung der beruflichen Identität als SozialarbeiterIn. Sie sind ein Beitrag zur Beschreibung des Kerns professioneller Sozialer Arbeit und damit zur Definition dessen, was ein Berufsgesetz schützen soll. Sie beschreiben Grundkompetenzen und den Rahmen für Spezialisierung in Zusatzstudiengängen oder Weiterbildungsmaßnahmen.

Diese Grundkompetenzen sind in einem Bachelorstudiengang zu erwerben. Einzelne Kompetenzen können dann im Rahmen von Weiterbildung oder Zusatzstudien ausgebaut werden.

Strategische Kompetenz

„Strategische administrative Kompetenz" meint die Fähigkeit, überlegt, geplant auf klare Ziele bzw. Wirkungen hin zu handeln unter Einbeziehung sozialarbeiterischen Wissens, der Ressourcen des Klienten (der Gruppe oder des Gemeinwesens) und das Berücksichtigen der unterschiedlichen Interessen (auch im Sozialraum).

Strategisches Handeln meint auch das systematische und gezielte Handeln unter Nutzung der vorhandenen Rechte und Strukturen als Mitglied oder MitarbeiterIn einer Organisation.

Methodenkompetenz

Methodenkompetenz meint die Fähigkeit planmäßig vorgehen zu können und Verfahren bzw. Vorgehensweisen der Soziale Arbeit zu kennen und anwenden zu können. Dies beinhaltet sowohl die Gegenstands-/Problembestimmung als auch die Handlungsziele.

Diese Methoden beinhalten eine Vielzahl von „Techniken" auf der Grundlage verschiedenster sozialarbeiterischer oder psychologischer Konzepte und Schulen. Der Methodenbegriff in der Soziale Arbeit ist umstritten. In der Sozialen Arbeit hierzulande werden Einzelhilfe, Gruppenarbeit, Familienberatung und Gemeinwesenarbeit als Methoden der Sozialen Arbeit bezeichnet.

Sozialpädagogische Kompetenz

Sozialarbeiter/-innen, Sozialpädagogen/-pädagoginnen arbeiten mit Kindern und Jugendlichen. Auch die Bildungsarbeit mit Erwachsenen haben wir dieser Kompetenz zugeordnet. Es geht um

- *pädagogische Wissens- und Handlungsgrundlagen für die Arbeit mit Kindern und Jugendlichen,*
- *Theorie der Jugendhilfe,*
- *pädagogische Praxis der Jugendhilfe und der Jugendfürsorge,*
- *Methoden für die Elternarbeit, Umgang mit Medien.*

Sozialrechtliche Kompetenz

Wenn Fachkräfte der Profession Hilfsbedürftige/Klienten „vertreten" oder von Amts wegen „intervenieren", „betreuen" oder in der Stadtteilarbeit tätig sind, so müssen sie häufig die Ressourcen, die das „Recht" für die Klienten gewährt, ausschöpfen (z.B. Leistungen des SGB XII, des SGB II, V, VIII, XII). Das Recht stellt die Schranke und auch den Rahmen der beruflichen Tätigkeit dar und dient „auch als spezifische Grundlage der eigenen beruflichen Tätigkeit" (z.B. Garantenpflicht, Schweigepflicht, Datenschutz, Zeugnisverweigerungsrecht, Arbeitsrecht usw.).

Sozialadministrative Kompetenz

Es geht um die Fähigkeit mit der öffentlichen Verwaltung zu kommunizieren, den Sprachstil und das Handeln von öffentlicher Verwaltung und der rechtliche Grundlagen zu verstehen, um so der Klientel zu seinem Recht zu verhelfen und öffentliches Verwaltungshandeln für die Klientel nutzbar zu machen. Dazugehören u.a. entsprechende Kenntnisse des Verwaltungsrechts und Grundlagenrechts der öffentlichen Verwaltung.

Personale und kommunikative Kompetenz

Personale Kompetenz ist die Fähigkeit der Arbeit mit und an der eigenen Person in Bezug auf die Interaktion mit anderen Menschen, hier insbesondere im Bezug auf die professionelle Tätigkeit als SozialarbeiterIn/SozialpädagogIn.
Es geht um

- *soziale Kompetenz,*
- *Reflexionskompetenz,*
- *Erkennen eigener Grenzen u. a. m.*

Kommunikative Kompetenz

beschreibt

- *die Beherrschung und Beachtung von mit der nonverbalen, verbalen und symbolischen Kommunikation einhergehenden Regeln,*
- *Strukturen und Prozesse. Darunter wird die Diskurs- und Diskussionsfähigkeit im fachlichen Zusammenhang und in Respekt und Achtung des anderen Menschen und seiner Autonomie der Lebenspraxis verstanden.*

Berufsethische Kompetenz

„Ethik ist die praktische Philosophie, denn sie sucht nach einer Antwort auf die Frage: Was sollen wir tun?"

Die gesamte traditionelle Ethik beschäftigt sich überwiegend mit folgenden drei Problemfeldern: „... mit den

- *Fragen nach dem höchsten Gut,*
- *nach dem richtigen Handeln und*
- *nach der Freiheit des Willens."*

Eine Abteilung der Ethik ist die „Sozialethik"; sie meint eine Lehre von den ethischen Verhältnissen und Pflichten, die aus dem Gemeinschaftsleben erwachsen. Die Berufsethik meint die sie leitenden Handlungsregeln für das professionelle Handeln, die grundlegenden Wertehaltungen und den Wertekanon der Berufsgruppe und Verhaltensnormen, die für alle Fachkräfte der Profession gelten.

Sozialprofessionelle Beratungskompetenz

Professionelle Beratung in der Sozialen Arbeit ist eine

- *typische (häufig wiederkehrende, aufgaben-/auftragsbezogene),*
- *wertorientierte (auf berufseigene Normen bezogene),*
- *theoretisch fundierte (fachtheoretische Beiträge, Konzepte, Begründungen),*
- *eigenständige (sowohl von anderen beruflichen Handlungen als auch von anderen Beratungsberufen [wie bspw. der Psychologie, Jurisprudenz, Medizin] unterscheidbare) und*
- *somit eine an den professionellen Prinzipien orientierte Praxis.*

Kompetenz zur Praxisforschung/Evaluation

Damit ist nicht vornehmlich eine auf die akademische Ausbildung von SozialarbeiterInnen/SozialpädagogInnen reduzierte Forschungsmethodik gemeint, vielmehr ist die alltägliche sozialarbeiterische Hilfepraxis im Sozial-, Gesundheits- und Bildungssystems selbst Gegenstand der Forschung. Praxisforschung dient damit zwei Zielsetzungen:

- *zum einen kann mit ihren Erkenntnissen die Sozialarbeitswissenschaft fortgeschrieben und*
- *zum anderen auch die Hilfepraxis selbst verbessert werden. Im Unterschied zur Grundlagenforschung soll die anwendungsorientierte Forschung Erkenntnisse, die bei konkreten Ereignissen im Praxisalltag herangezogen werden können, liefern. Es stehen keine abstrakten Zusammenhänge („Gesetzesmäßigkeiten") im Vordergrund der Forschung, sondern die Anwendbarkeit der Ergebnisse auf ein aktuelles Ereignis („Fall") oder auch eine Klasse gleichartiger Ereignisse („Fälle"). Diese Schlüsselkompetenzen bauen auf Grundlagen auf. Dazu gehören*
- *Makro-, Meso- und Mikrotheorien Sozialer Arbeit,*
- *ökonomisches Denken und Handeln,*
- *Armut/Reichtum,*
- *Handeln in Organisationen,*
- *die Berufsgeschichte Sozialer Arbeit,*
- *Politik und Verwaltung,*
- *Handeln in Unterschiedlichkeiten (Gender Mainstreaming, Gender-Kompetenzen, Interkulturalität, „Management Diversity"),*
- *Qualitätsentwicklung/-management.*

Beschrieben sind bei den jeweiligen Kompetenzen die Definition (also was meinen wir damit), die Kompetenzen (also was müssen Studierende nach Abschluss ihres Bachelorstudiengangs können) und die für uns wesentlichen Ausbildungsinhalte.

In den Niederlanden gibt es eine landesweite Beschreibung des Studienprofils und der Ausbildungsqualifikationen mit dem Titel „Der kreative Professional – schafft Nähe durch Distanz" (Landelijk Opleidingsoverleg SPH, 2009). Hierin wird beschrieben, was Social Work ist und beinhaltet, wie darauf geschaut wird und welche Aspekte berücksichtigt werden sollten. Auch die Arbeit und die Arbeitsweise des Sozialpädagogen werden wie folgt beschrieben:

Der Sozialpädagoge strebt danach, die zuvor genannte Mission in sozialen Kontexten umzusetzen.

Der Sozialpädagoge nähert sich den sozialen Kontexten nicht nur auf der Mikro- und Mesoebene (das Intrapsychische, das Interpersönliche, die konkreten Lebenssituationen von Individuen und Gesellschaftsformen), sondern auch auf der Makroebene (gesellschaftliche Verhältnisse). Darin handelt er professionell.

Menschen können selbst diese professionelle Hilfe in Anspruch nehmen, aber sie können auch – innerhalb politischer bzw. gesetzlicher Rahmen – dazu gedrängt oder gezwungen werden.

In der Hilfeleistung, die gezwungenermaßen auferlegt wird, erteilen häufig Behörden dem Sozialpädagogen den Auftrag und hat der Hilfeleister mit einem Klienten und einem Auftraggeber zu tun, die nicht dieselben sind.

Das Handeln des Sozialpädagogen ist methodisches Handeln. Das bedeutet, dass es systemisch, zielorientiert und während eines bestimmten Zeitraums stattfindet und sich auf eine Analyse der Anfangssituation stützt und am Erreichen einer bestimmten Endsituation orientiert. Das Handeln wird fortwährend auf die bereits bestehenden und zwischenzeitlichen Änderungsprozesse und auf den Beitrag anderer Akteure abgestimmt.

Das methodische Handeln wird in drei Aufgabenbereiche unterteilt:

1. *agogisch-fachbezogene Aufgaben*
2. *organisatorische und planungsorientierte Aufgaben*
3. *Professionalisierungsaufgaben*

Die Aufgaben in diesen drei Bereichen werden mit einem hohen Maß an Verantwortung und Selbstständigkeit in einer häufig komplexen Situation durchgeführt. Die Durchführung der Aufgaben ist unter anderem in Gesetzen und Rechtsvorschriften und in politischen Richtlinien beschrieben.

Eine falsche Durchführung der Aufgaben kann für die beruflich agierende Person große Konsequenzen haben, bis hin zur Strafverfolgung.

Agogisch-fachbezogene Aufgaben

Hauptbegriffe des agogisch-fachbezogenen Handelns sind „Hilfeleistung" und „Dienstleistung".

Hilfeleistung bezieht sich vor allem auf die Vorgehensweise bei Problemen. Es setzt in gewisser Hinsicht eine ungleiche Beziehung zwischen dem Hilfeleister und dem Hilfeempfänger voraus:

„Gleichwertig, jedoch nicht gleich fähig". Die Verteilung der Verantwortung steht im Zeichen von Verbesserung, Vermeidung und der Verzögerung einer Verschlechterung.

Dienstleistung kann neben der Vorgehensweise bei Problemen (beispielsweise eine Schuldenhilfe) auch eine Entwicklung als Perspektive haben (beispielsweise beim Anbieten von Kursen in einem Nachbarschaftszentrum). Es setzt eine gleichere Beziehung voraus, wobei die Verteilung der Verantwortung zwischen dem Dienstleister und dem Dienstempfänger gleichwertiger ist.

Auf einer konkreteren Handlungsebene werden Hilfe- und Dienstleistung in folgenden Begriffen veranschaulicht.

Pflege: Setzt eine erhebliche Abhängigkeit des Pflege-Empfängers in einer oder mehreren existentiellen Dimensionen voraus, mit der Möglichkeit, dass die Abhängigkeit langfristig oder sogar dauerhaft ist.

Behandlung: Setzt die Möglichkeit einer solchen Verbesserung voraus, dass die Beziehung zwischen dem Behandelnden und dem Behandelten beendet werden kann.

Begleitung: Bezieht sich auf eine ziemliche Gleichheit bei Aktivitäten, möglicherweise auch mit einem längerfristigen Charakter und in verschiedenen existenziellen Dimensionen, jedoch mit einer größeren Partizipation der Person, die begleitet wird.

Unterstützung: Bezieht sich auf Aktivitäten, die darauf ausgerichtet sind, dafür zu sorgen, dass eine gewählte Richtung auch tatsächlich eingehalten werden kann.

Möglichkeiten eröffnen: Bezieht sich auf Aktivitäten, die darauf ausgerichtet sind, Individuen oder Gruppen besser in die Lage zu versetzen, sich – aus eigener Kraft – sozial zu behaupten oder in Erscheinung zu treten.

Organisatorische und planungsorientierte Aufgaben

Die Arbeit in und im Namen einer Organisation erfordert die Fähigkeit, unternehmerisch zu denken und zu handeln und einen Beitrag zum Funktionieren der Organisation zu leisten.

Man denke dabei beispielsweise an Qualitätsmanagement, Planungsentwicklungen, eine multidisziplinäre Zusammenarbeit und eine Zusammenarbeit in Netzwerken, die Führung von Mitarbeitern und ehrenamtlichen Helfern.

Professionalisierungsaufgaben

Das Arbeiten an Professionalität umfasst alle Aufgaben, die zur Entwicklung einer eigenen Berufsidentität beitragen und zur Fähigkeit, einen Beitrag zum Beruf
oder der Berufsentwicklung zu leisten.

Man denke dabei an die Wahrnehmung von Diskrepanzen zwischen dem, was
strategisch und politisch in den Tätigkeitsfeldern geplant ist, und der alltäglichen
Praxis, in der die angestrebten Normen bzw. Standards nicht erfüllt werden, darüber hinaus an die Untersuchung der Wirksamkeit des Handelns, der Innovation
und der Entwicklung von (verbesserten) Dienstleistungen und Methodiken für
Kunden oder Kundengruppen.

(...)

Die Ausbildungsqualifikationen des Sozialpädagogen

Zur Verdeutlichung des Aufbaus der Qualifikationen wird hier eine kurze Übersicht der Qualifikations-Einteilung pro Segment dargestellt.

Je Qualifikation wird nachfolgend ein Erkennungswort oder ein Begriff ge-
nannt, auf den sich die Qualifikation bezieht. Mit dem Wort oder dem Begriff
(und der kurzen Beschreibung, auf die er sich bezieht) soll nicht die ganze
Ladung der Qualifikation abgedeckt werden. Damit soll eine erste Orientierung
im Hinblick auf den Inhalt der Qualifikation gegeben werden.

„Die Kompetenz des Sozialpädagogen bei der Hilfeleistung an und zugunsten
von Klienten", die ausführenden Aufgaben des beginnenden Sozialpädagogen
auf Mikroebene.

1. *Methodische Hilfeleistung*
2. *Die Entwicklung von Programmen*
3. *Die Stärkung des Klienten*
4. *Die Handhabung der Beziehung*
5. *Die Nutzung des Kontexts*
6. *Die Rechtfertigung des Handelns*

„Die Kompetenz des Sozialpädagogen bezüglich der Arbeit innerhalb und im
Namen einer Betreuungseinrichtung oder Hilfsorganisation", die Aufgaben
des beginnenden Sozialpädagogen als Mitarbeiter auf Mesoebene.

7. *Professionelle Zusammenarbeit*

8. *Wahrnehmen und Initiieren*

9. *Organisieren und Verwalten*

10. *Lenken*

11. *Innovieren*

„Die Kompetenz des Sozialpädagogen bezüglich der Arbeit an Professionalisierung", die Aufgaben des beginnenden Sozialpädagogen als Vertreter der Berufsgruppe auf Meso- und Makroebene.

12. *Kritisches Reflektieren*

13. *Profilieren und Legitimieren*

14. *Professionalisieren*

15. *Untersuchen*

Segment 1: Hilfeleistung an und zugunsten von Klienten.

Methodische Hilfeleistung
1. *Im Dialog mit dem Klienten, dem Klientensystem und eventuell anderen Hilfeleistern die Lebenssituation[5] erkunden und analysieren, um so die Hilfsfragen (neu) formulieren und Ziele feststellen zu können, und ein darauf zugeschnittenes methodisches Hilfsangebot zu realisieren, zu evaluieren und anzupassen.*

Die Entwicklung von Programmen
2. *Die Entwicklung von Programmen für die Hilfeleistung in Situationen, die sich durch Komplexität und Vielfalt charakterisieren. Anwesend sein ist dabei der Ausgangspunkt, bei Bedarf wird eine musisch-agogische, innovative und kreative Handlungsweise angewandt.*

Die Stärkung des Klienten
3. *Aus der Sicht der angestrebten vollwertigen Teilnahme und damit auch Verantwortlichkeit an der Gesellschaft mit einem Klienten und Klientensystem an der Entwicklung und Aufrechterhaltung von Kompetenzen arbeiten. Bei der Kompetenz-Entwicklung wird von der Stärke des Klienten ausgegangen, wobei die Anforderungen berücksichtigt werden, die die Umgebung stellt. Dabei sind folgende Schwerpunkte wichtig:*

- *das Funktionieren in der Lebenssituation,*
- *die Fähigkeit zur Selbsthilfe, Selbstsorge und Gesundheit,*
- *die Entwicklung einer Perspektive und von Sinngebung,*
- *die Gestaltung von sozialen Netzwerken und die Entwicklung und Pflege von bedeutungsvollen Beziehungen,*
- *die für den Klienten möglichst optimale Partizipation an der Gesellschaft,*
- *das Beeinflussen der Umgebung und nötigenfalls das Beanspruchen der Hilfe von anderen Fachleuten.*

Die Handhabung der Beziehung

4. *Die Anwendung von kommunikativen Fertigkeiten in komplexen Situationen, wobei die Werte, Normen und Interessen des Klienten, des Klientensystems und der Umgebung vielfältig und gegensätzlich sein können. Professionelle Nähe, Beherztheit und Kreativität werden eingesetzt, um die Beziehung mit dem Klienten aufzubauen, zu handhaben und zu beenden.*

Die Nutzung des Kontexts

5. *Hilfe innerhalb eines vielfältigen Kontextes leisten und so handhaben, dass die Eigenart des Klienten und sein weltanschaulicher, kultureller, gesellschaftlicher und sozialer Hintergrund berücksichtigt werden. Das können Situationen sein, die sich durch Unvorhersagbarkeit und Zwang charakterisieren.*

Die Rechtfertigung des Handelns

6. *Über das berufsmäßige Handeln berichten, es rechtfertigen und legitimieren, unter Anwendung von theoretischen (evidence-based, best practices und, bei Bedarf, ungewöhnlichen Methoden), ethischen, gesellschaftlichen und rechtlichen Rahmenbedingungen.*

Segment 2: Die Arbeit innerhalb und im Namen einer Hilfsorganisation

Professionelle Zusammenarbeit

7. *Eine Zusammenarbeit, passend zur Einrichtungskonzeption und erkennbar als Sozialpädagoge, im Rahmen der Hilfeleistung, mit:*
   - *Kollegen,*
   - *ehrenamtlichen Helfern,*
   - *Vertretern aus anderen Fachgebieten und Organisationen,*

- *Vertretern von Klientenorganisationen und Interessenverbänden, und sich dabei als tatkräftiger Vertreter der eigenen Organisation positionieren, mit dem Ziel, Möglichkeiten einer Zusammenarbeit und Kettenabsprachen zu realisieren.*

Wahrnehmen und Initiieren

8. *Das Wahrnehmen von schwächeren/gefährdeten Gruppen und (gesellschaftlichen) Risikofaktoren, diese bei relevanten Parteien mit einer Sichtweise und fachlicher Kompetenz in den Mittelpunkt rücken und die dazu passenden präventiven Aktivitäten initiieren.*

Organisieren und Verwalten

9. *Selbstständig einen ergebnisorientierten Beitrag zur Organisation und Verwaltung auf folgenden Gebieten leisten:*
   - *Planung des Einsatzes von Menschen und Mitteln,*
   - *Projektmanagement,*
   - *Qualitätsmanagement(-Systeme),*
   - *Finanzen,*
   - *Rechtfertigung und Berichterstattung,*
   - *der Einsatz von ICT.*

Lenken

10. *Die Leitung und Begleitung von Kollegen, anderen beruflichen Fachkräften, ehrenamtlichen Helfern und freiwilligen Pflegepersonen, die Verantwortung für die Qualität der Organisation übernehmen und einen Beitrag zur Einrichtungskonzeption leisten.*

Innovieren

11. *Aus einer (international) inspirierten Sicht auf die Konzeption und Methodik der Einrichtung einen Beitrag zur Analyse, Entwicklung und Innovation von Hilfeleistung leisten, die zu einer in der Praxis durchführbaren Verbesserung der Hilfeleistung führt.*

Segment 3: Das Arbeiten an Professionalisierung

Kritisches Reflektieren

12. *Ein kritisches Reflektieren des eigenen berufsmäßigen Handelns und der beruflichen Auffassung, ausgerichtet auf die persönliche Entwicklung als berufliche Fachkraft im Verhältnis zu normativen Rahmen.*

Profilieren und Legitimieren

13. *Den Beruf des Sozialpädagogen definieren, profilieren und legitimieren und damit einen Beitrag zur Identität und Entwicklung des Berufes leisten.*

Professionalisieren

14. *Die eigenen Fachkenntnisse ständig weiterentwickeln und die eigene Lauf-bahn bewusst gestalten.*

Untersuchen

15. *Einen Beitrag zur Entwicklung des Berufes und der Berufsmethodik leisten, unter Anwendung von wissenschaftlicher und praxisorientierter Forschung.*

Weit auseinander liegen wir in den Ansichten nicht, wobei die Berufseinteilung in den Niederlanden spezifizierter ist. Es gibt die Sozialpädagogische Hilfelei-stung, den „Gesellschaftsarbeiter", den Pädagogen und den kulturellen Sozi-alpädagogen. Alle arbeiten im Social Work Arbeitsfeld und haben eine eigene Ausbildung. Sie schließen ihr Studium mit dem Bachelor of Social Work ab.

Der Abschluss in Deutschland nennt sich in der Regel Bachelor of Arts, da es so eine Feineinteilung nicht gibt.

Obwohl der Bologna-Prozess stattgefunden hat, unterscheidet sich das Uni-versitäts- und Hochschulwesen der beiden Länder und obwohl Bachelor gleich Bachelor sein sollte, kämpfen Studenten um ihre Anerkennungen der Abschlüsse. Dies ist eigentlich kein Wunder, da

- in den Niederlanden ein Student vier Jahre braucht, um einen Bachelor zu erlangen und 240 European Creditpoints. In Deutschland 3 Jahre und 180 Studienpunkte.
- in den Niederlanden steht ein Studienpunkt für 28 Studienbelastungs-stunden. In Deutschland ist 1 Punkt gleich 30 Stunden oder 25 Stun-den oder 24 Stunden.

Was ist dann vergleichbar? Ich habe selber die Erfahrung gemacht, dass selbst das Umrechnen der Noten vom einen Land ins andere sehr unterschiedlich sein kann und sich von Universität zu Universität und von Hochschule zu Hochschule unterscheidet.

Der Lehr- und Studienservice Graz (2014) veröffentlichte

Die European University Association (EUA), die eine federführende Rolle in der europäischen Hochschuldiskussion innehat, empfiehlt für die Beschreibung der unterschiedlichen Niveaus auf Bachelor- und Masterstudienebene die Dublin Deskriptoren.

Die Dublin-Deskriptoren bieten fachunabhängige Aussagen zu typischen Leistungs- und Fähigkeitserwartungen in Bezug auf Qualifikationen, die am Abschluss eines jeden Bologna-Zyklus verliehen werden. Sie sind nicht detailliert, ähnliche oder äquivalente Merkmale können ergänzt oder ausgetauscht werden. Die Deskriptoren bilden den Kern der gesamten Qualifikation ab.

Die Deskriptoren definieren in den folgenden 5 Kategorien die Lernergebnisse, die auf der entsprechenden Stufe zu erreichen sind.

Wissen und Verstehen

Bachelor
Wissen und Verstehen knüpft, unterstützt durch wissenschaftliche Lehrbücher, zumindest in einigen Aspekten an neueste Erkenntnisse in ihrem Studienfach an.

Master
Wissen und Verstehen liefert eine Basis oder Möglichkeit für Originalität im Entwickeln und/oder Anwenden von Ideen, häufig in einem Forschungskontext.

Promotion
Wissen und Verstehen demonstriert systematisches Verstehen eines Studienfaches und die Beherrschung der mit diesem Feld assoziierten Fertigkeiten und Methoden.

Anwendung von Wissen und Verstehen

Bachelor
Anwendung von Wissen und Verstehen durch das Formulieren und Untermauern von Argumenten.

Master
Anwendung von Wissen und Verstehen durch Problemlösungsfähigkeiten in neuen oder unvertrauten Zusammenhängen innerhalb breiter (oder multidisziplinärer) Kontexte.

Promotion
Anwendung von Wissen und Verstehen durch die Fähigkeit, einen substanziellen Forschungsprozess mit wissenschaftlicher Integrität zu konzipieren, gestalten, implementieren und adaptieren.

Anwendung von Wissen und Verstehen durch originelle Forschung, die die Grenzen des Wissens durch die Entwicklung eines substantiellen Werks erweitert, das in Teilen den Standards nationaler und internationaler begutachteter Publikationen entspricht.

Beurteilung abgeben

Bachelor
Beurteilung abgeben beinhaltet relevante Daten zu sammeln und zu interpretieren.

Master
Beurteilung abgeben demonstriert die Fähigkeit, Wissen zu integrieren und mit Komplexität umzugehen und auf Basis unvollständiger oder begrenzter Informationen Einschätzungen zu formulieren.

Promotion
Beurteilung abgeben erfordert die Befähigung zu kritischer Analyse, Evaluation und Synthese neuer und komplexer Ideen.

Kommunikation

Bachelor

Kommunikation von Informationen, Ideen, Probleme[n] und Lösungen.

Master

Kommunikation von ihre[n] Schlussfolgerungen und [dem] Wissen und [den] Prinzipien [begrenzte Reichweite], die ihnen zugrunde liegen, sowohl an Experten wie auch an Laien [Monolog].

Promotion

Kommunikation mit ihrem fachlichen Umfeld, der größeren wissenschaftlichen Gemeinschaft und der Gesellschaft im Allgemeinen [Dialog] über ihr Spezialfeld [große Reichweite].

Lernstrategien

Bachelor

Die Lernstrategien, die sie benötigen, um ihre Studien mit einem Höchstmaß an Autonomie fortzusetzen.

Master

Die Lernstrategien, die es ihnen ermöglichen, ihre Studien größtenteils selbstbestimmt und autonom fortzusetzen.

Promotion

In der Lage Lernstrategien, innerhalb akademischer und professioneller Kontexte technologische, soziale oder kulturelle Fortschritte in einer Wissensgesellschaft voranzutreiben.

Die Frage, die sich mir hier dann stellt, ist auf dieser Ebene dann eine Vergleichbarkeit möglich? Sollten sich hier nicht Länder mal unterhalten?

Hieran schließt an, dass *Internationalisierung* zumindest in den Niederlanden im Hochschulwesen ein großes Thema ist. Es werden Programme ausgearbeitet und Konzepte entwickelt, die zeigen, dass Internationalisierung im Unterrichtsangebot integriert ist.

Dieser Ansatz kann kritisch beleuchtet werden. Es könnten sich Fragen gestellt werden wie: Warum muss ein Student auch noch englische Texte lesen können?

Ist dies eventuell eine Anforderung für einen Master? Kann Internationalisierung nicht einfacher integriert werden, bspw. dadurch, sich auf die Suche zu machen und sich die Frage zu stellen: „Die Methode, die Theorie, die ich gerade lerne, wer hat diese entwickelt und aus welchem Land kommt sie?" Nicht alles, was Deutsch geschrieben ist, ist auch Deutsch und nicht alles, was Niederländisch geschrieben ist aus den Niederlanden.

Könnte ein weiterer Schritt sein, Themen wie z.B. Kultur und Diversität erst im eigenen Erleben zu besprechen und dann durch einen Transfer in andere Länder zu internationalisieren?

Auch könnte die Frage: „Ist nicht schon alles International? Müssen wir uns nicht nur dessen bewusst werden?" eine Grundlage zur Diskussion sein.

Spannend könnte in diesem Prozess auch sein, das Arbeitsfeld zu beteiligen und einmal die StudentInnen zu fragen, was sie hierüber denken.

Verbindung zum Arbeitsfeld ist bei einem Studium, das auch eine Berufsausbildung ist, unumgänglich. Hochschulen und Universitäten müssen sich mit Entwicklungen im Arbeitsfeld und in der Gesellschaft auseinandersetzen, um den Studenten auch das richtige Wissen mit auf den Weg zu geben. Gerade bei der Arbeit mit Menschen gibt es keine Patentrezepte. Mensch tickt so – also die Theorie, die Methode funktioniert nicht. Was Studenten brauchen, ist, sich Basiswissen anzueignen und durch Experimentiermöglichkeiten zu lernen, wie dieses Basiswissen angewandt werden kann mit all den Facetten, die dazu gehören. Hierin steckt natürlich die Gefahr, dass die Arbeit eines Social Workers im Moment passiert und nicht wiederholbar ist. Was heißt dann experimentieren?

Studenten bekommen Theorien und Methoden an die Hand, wissen jedoch nicht, wie sie funktionieren. Hierfür brauchen sie Vorbilder in der Praxis, also stark den Austausch mit ausgebildeten Professionals, die ihnen erklären und zeigen, wie die Praxiswelt funktioniert. Dann brauchen sie den Raum, selber Erfahrungen zu machen und Gelerntes anzuwenden, dies zu reflektieren, sich auch fachlich austauschen und auf eine erlebte Berufssituation von Professionals Feedback zu bekommen. Mit Hilfe von Feedback und Reflexion können sie ihr Wissen wieder anpassen, verfeinern und ihrer Haltung einen weiteren Feinschliff geben. Nur aus Büchern leben Theorien und Methoden nicht. Sie leben durch die Individualität des Anwenders. Deshalb ist der bewusste Transfer in die Praxis und von den gemachten Erfahrungen heraus zurück wichtig.

Hierzu gibt es auch interessante Theorien, mach Dich auf die Suche!

Kapitel 2

Der Social Worker
ist sein eigenes Instrument

In vielen Berufen ist es wichtig, einen Werkzeugkoffer zu haben, in dem die wichtigsten Werkzeuge und Materialien sind, die helfen, etwas zu reparieren, etwas auszufüllen, ein Produkt zu erschaffen und und und.

So einen Werkzeugkoffer bietet der Beruf Social Worker nicht. Wir können keine Menschen reparieren, Situationen zurück drehen oder Beziehungen kitten. Social Worker Professionals müssen sich auf sich, ihr Wissen und ihre Fertigkeiten verlassen können, man könnte sie in diesem Falle als Instrument betrachten.

Wie muss dann ein Professional sein, welche persönlichen Eigenschaften muss er haben und was muss er über sich wissen?

Ich denke, dass nicht alles messbar und beschreibbar ist. Wenn ich so an Kollegen und Studenten denke, würde ich Menschen beschreiben, die oft mit Leib und Seele zu und in ihrem Beruf stehen. Menschen, die ein Stückchen die Welt retten oder verändern wollen, Menschen mit Mut und Neugier, forschend und untersuchend, Menschen mit Engagement, die Zeit und Liebe in ihren Beruf stecken, die im Dialog stehen und ihn als Haltung pflegen. Menschen, die unternehmend und kreativ sind, netzwerken, über Grenzen gehen, manchmal auch über die eigenen, gegen Grenzen stoßen und auch ausbrennen.

Erlebt habe ich von allem auch das Gegenteil, nämlich Menschen, denen klar ist, dass sie nicht mit Klienten arbeiten möchten, die eher ein Amt ausfüllen möchten und auch im Beruf vergessen, dass es die „Front" gibt, die Anderes braucht als Bürokratie und Regelwerk. Es gibt Menschen, die nach 20 Jahren Arbeit den Tunnelblick haben und denken, ich mache dies bereits 20 Jahre und das ist gut gelaufen, also wird es auch für die nächsten 20 Jahre reichen.

StudentInnen, die ich tagtäglich sehe, bringen sehr viel Ideen, Bilder, Ideale und manchmal auch Naivität bezüglich ihres Berufsbildes mit und das ist auch gut so. In einer Studentengruppe die ich gerade begleite, sind StudentInnen mit unterschiedlicher Altersstruktur, die beispielsweise gerade vom Gymnasium kommen, schon ein freiwilliges soziales Jahr gemacht haben, einen ganz anderen Beruf gelernt haben (wie ich es auch gerne nenne: Spätberufene) und bereits gelernte Erzieher. Es ist so spannend zu sehen, wie sie sich entwickeln und das jeder auf seine Art und Weise, mit ihren Geschichten, Erfahrungen und ihren verschiedenen Kulturen, Bildern und Idealen. Ich sehe sie wachsen, auch über sich hinaus, sie eine Vision entwickeln, ihre Ideale erweitern und es macht mich stolz, Menschen in dieser Form begleiten und prägen zu können.

Die Neugier, die vorhanden ist, ist es wichtig zu packen und so zu erweitern und auch neugierig auf sich selbst zu sein. Sich nicht nur als Professional kennenzulernen und weiter zu entwickeln, sondern auch sich als Person. Wer bin ich? Worauf reagiere ich? Warum bin ich so wie ich bin? Was fühle ich? Wen kann ich riechen und wen nicht? Wer ist mir sympathisch und wer nicht? Was oder wer hat mich in meinem Leben geprägt? Was waren wichtige Erfahrungen oder Ereignisse? Was hat mich zu dieser Berufswahl gebracht?

Um sich diesen Fragen zu nähern, erfordert es Mut, eine offene Haltung, Untersuchungsfreude, Neugier und auch die Fähigkeit, sich eigenen Ängsten und Fragen zu stellen und dadurch sich neu zu entdecken.

Wünsche, die wir haben, Handlungen und Entscheidungen, die wir treffen, sind u.a. abhängig von den persönlichen Erfahrungen und eigenen Normen und Werten. Aus diesem Grund ist es wichtig, einen guten Überblick hierüber zu bekommen und sie sich bewusst zu machen.

Lernziele sind wichtige Teile des kompetenzorientiertes Lernens und bewusster persönlicher Entwicklung. Es wird in einer guten Ausbildung regelmäßig von Dir erwartet, Lernziele für Dich selber aufzustellen. Um

Dich hiermit erst einmal bekannt zu machen, kann eine Ausgangssituation sein, einfach einen Wunsch zu formulieren, der mit Dir und Deiner Ausbildung zu tun hat. Ein Wunsch ist meist schon der erste Schritt, um überhaupt ein Lernziel für sich selber formulieren zu können. Denn gibt es etwas Schöneres, als wenn Deine Wünsche in Erfüllung gehen? Aber warum schränken wir unser Handeln sofort ein, wenn es um die Erfüllung unserer Wünsche geht? „Das geht nicht." „Das ist unmöglich." Ja, wieso eigentlich? Wer, außer uns selbst, kann uns davon abhalten, uns unsere Wünsche zu erfüllen? (Dennemann, 2010).
Im Formulieren von „Ja, aber…" sind wir Weltmeister.

Hast du, lieber Leser, Lust, Dich näher kennenzulernen, dann folgen nun einige Möglichkeiten, um erste oder erneute Schritte zu gehen.

Vom Wollen zum Wunsch

Jeder Mensch hat Wünsche. Anhand der Methode „de creatiespiraal" (die Kreationsspirale) (Robbers, 2008) von Marinus Knoope aus dem Jahr 1998 könnt ihr versuchen, einen eigenen Wunsch zu realisieren. Die Kreationsspirale ist ein Modell, das benutzt werden kann, um eigene Wünsche zu realisieren. Die Kreationsspirale beinhaltet 12 Schritte, die ein Mensch braucht, um all seine Wünsche zu verwirklichen. Der 12. Schritt schließt wieder an den ersten Schritt an, womit der nächste Wunschzyklus starten kann.

0. **Wollen:** Was willst Du erreichen? Es ist dann wohl gut, dass Du darüber nachdenkst, warum Du Dich für dieses Studium oder den Beruf entschieden hast und was Du brauchst, um dieses zu realisieren der weiter fortzuführen.
1. **Wünsche:** Was ist Dein Wunsch? Wovon träumst du? Was für ein Gefühl hast Du bei Deinem Wunsch?
2. **Verbildlichen:** Suche Fotos, Filme, Bilder, die Deinen Wunsch hervorheben.
3. **Glauben:** Glaubst Du selber hieran? Hast Du Selbstvertrauen hierin? Bist Du davon überzeugt, dass Du Deinen Wunsch realisieren kannst? Erkläre das!

4. **Outen:** Besprichst Du Deinen Wunsch mit anderen oder hältst Du ihn geheim? Warum?

5. **Untersuchen:** Mit wem sprichst Du über Deine Wünsche? Wie sind seine Reaktionen?

6. **Planen:** Hast Du einen Plan Deinen Wunsch zu realisieren? Stellst Du Deinen Plan ständig nach hinten? Warum? Ist Dein Studium ein Mittel, um Deinen Wunsch zu realisieren? Was wäre ein Mittel um ihn zu realisieren?

7. **Beschlüsse:** Welche Beschlüsse hast Du getroffen, um Deinen Plan zu realisieren und auszuführen?

8. **Handeln:** Was hast Du tatsächlich getan, ausgeführt, umgesetzt?

9. **Durchhalten:** Welche Treffer und Rückschläge sind Dir entgegengekommen? Wie gehst Du mit Rückschlägen um?

10. **Bekommen:** Bist Du offen für Komplimente und Kritik?

11. **Anerkennen:** Kannst Du mit Deiner Leistung zufrieden sein, auch mit Rückschlägen (wenn es nicht klappt)?

12. **Entspannen:** Kannst Du einen realisierten Wunsch echt genießen?

Welche Schritte kannst Du noch gehen, um Dir Gedanken über Dich und Deine Berufswahl zu machen? Den Beruf den Du Dir ausgesucht hast, wird immer durch Dein Leben, dessen wichtigen Stationen, die Dich geprägt haben, Deine Familie, Deine Erziehung, Deine Erfahrungen, Deine Normen und Werte, durch Deine Meinung, durch Sozialisationsinstanzen, evtl. relevante Arbeitserfahrung und andere wichtige relevante Dinge beeinflusst.

Damit Du dir, Deinem Leben und darin steckenden Erfahrungen bewusst werden kannst, hast Du die Möglichkeit Dir Fragen zu stellen, die Dir Aufschluss darüber geben, wieso dieser Beruf DEIN Beruf werden soll oder schon geworden ist. Was waren wichtige Stationen in Deinem Leben? Wo ging es Dir gut? Was hat Dich gestärkt? Gab es traurige Momente? Was waren Schlüsselmomente? Wo gab es Momente, die Deine Berufswahl beeinflusst haben? Welche wichtigen Personen gehören zu Deinem Leben? Welche hatten Einfluss auf Dich und Deine Berufswahl? In der Vergangenheit, Gegenwart und Zukunft? Warum sind sie Dir wichtig? Wie stellst Du

Dir die Zukunft vor? Welche wichtigen Stationen kommen noch? Welche Fragen sind noch wichtig?

Kennst Du eine Lebenslinie, ein Genogramm, ein Ökogramm oder ein Soziogramm? Mach Dich auf die Suche und nutze Deine Resultate, um Dir Antworten zu geben!

Ein weiterer Schritt wird sein, schriftlich zu inventarisieren, welche Fertigkeiten, Fähigkeiten, welches Wissen und welche Haltung für Dich als Social Worker relevant sind. Du kannst jetzt sagen, das ist mir klar, warum soll ich mich damit beschäftigen und warum es auch noch aufschreiben? Doch etwas schriftlich zu sehen und später nach einiger Zeit noch mal zu lesen, überrascht einen Menschen manchmal selber. Stelle Deine gesammelten Resultate zur Diskussion, tausche Dich hierüber mit anderen aus, das wird Deine Einstellungen reifen lassen und hier und da Deine Einsichten und Deine Haltung verändern.

Nutzen kann Dir auch eine Selbsteinschätzung z.B. durch das Anfertigen einer Skala. Wo stehst Du jetzt und wo willst Du hin? Was musst Du tun, um Deine Ziele zu erreichen?

Gehe hierüber auch mit anderen ins Gespräch!

In Deinem Beruf arbeitest Du sowohl mit Menschen als auch in der Begleitung von ihnen. Du bist eine Schlüsselfigur im alltäglichen Leben von Menschen, die aufgrund besonderer Umstände, Beschränkungen und/oder Einschränkungen auf besondere Formen der Hilfe eines Social Workers angewiesen sind. Von Dir wird als Professional of Social Work Einiges erwartet. Du musst beispielsweise Situationen analysieren können, speziell bei Klienten einschließlich der Sichtweise und Daseinsform, der vorhandenen Einschränkungen und Behinderungen, seines Verhaltens und der sozialen und gesellschaftlichen Einflüsse, die ihn oder sie in eine sensible Positionen bringen. Hierbei ist es notwendig, Deine eigene professionelle Rolle im Arbeits- und Begleitungsprozess kritisch zu betrachten.

Außerdem solltest Du Deine eigene Lebensgeschichte und Sozialisation reflektieren. Im vorherigen Auftrag hast Du bereits erste Schritte hierzu unternommen. Wenn Du Dir Deiner Geschichte und Sozialisation bewusst wirst, kannst Du dies in Arbeitsbeziehungen zu Klienten berücksichtigen und herausfinden, wie diese das gegenwärtige Verhalten bewusst oder unbewusst beeinflussen (vgl. Pallasch & Kölln, 2002, S. 218). Kurzum: Eine Reflexion des eigenen Handelns stellt für einen Social Worker einen notwendigen Haltungs- und Fertigkeitenaspekt dar. „Eine bewusste wie kontinuierliche Auseinandersetzung mit der eigenen Person und dem eigenen Fühlen, Denken und Handeln ist als Basis für eine pädagogische und besonders beraterische Tätigkeit unerlässlich." (ebd. S. 219).

Es kann Dir helfen Dich mit Persönlichkeitstheorien auseinanderzusetzen:
Hier einige Beispiele:
✓ Persönlichkeitstypen nach Riemann
✓ Die 9 Typen des Enneagramms; De negen typen van het enneagram
✓ *Archetypen*, Persönlichkeitstheorien nach Carl Gustav Jung

? Und welcher Persönlichkeitstyp bist du?

Woran erkennst Du das?

Welches konkrete Verhalten zeichnet Deinen Typ aus?

An welchem Punkt / welchen Punkten in Deinem Leben hast Du die Eigenschaften Deines Typs entwickelt? Passierte dies in einer bestimmten Sozialisationsphase?

Was macht Dich als Professional aus mit diesen Eigenschaften?

Erkennst Du Vor- und Nachteile? Stärken und Schwächen?

Wie möchtest Du hiermit in der Praxis umgehen?

Kannst Du entdecken und erklären, wo Deine Motivation, Social Worker zu werden entstanden ist?

Welche Faktoren hatten hierauf konkreten Einfluss?

Kapitel 3: Kasus

Kasus 1: Nina spricht nicht

Nina ist neu im Kindergarten. An sich so neu wie ich. Zum damaligen Zeitpunkt absolvierte ich mein Oberstufenpraktikum in einer katholischen Kindertagesstätte mit drei altersgemischten Gruppen mit Kindern zwischen 3 und 6 Jahren. Für mich stand fest, dass ich ein Jahr in dieser Einrichtung bleiben werde, um meine praktische und theoretische Prüfung zur staatlich geprüften Erzieherin dort abzulegen. Hierauf würde mein Anerkennungsjahr folgen.

In jeder Gruppe befinden sich eine Gruppenleitung und eine Zweitkraft. In meiner Gruppe ist die Leitung der Einrichtung gleichzeitig die Gruppenleitung. Die Einrichtung ist für die Kinder von 7.30 – 12.30 Uhr und von 14 – 16 Uhr geöffnet.

Nun, das Kindergartenjahr startete und in meine Gruppe, die „Bärengruppe" kommt auch Nina (3,1 Jahre). Nina spricht nicht. Sie ist normal entwickelt, schaut interessiert umher, spielt mit anderen Kindern und auch alleine, sagt jedoch keinen Ton.

Bei näherem Beobachten fällt folgendes auf:

Nina wird morgens gebracht und sagt das letzte Wort vor der Einrichtungstür. Dann „verstummt" sie.

Sobald sie am Mittag wieder abgeholt wird, die Einrichtung verlässt, erzählt sie ihrer Mutter vom Tag.

Ihre Mutter erzählt, dass sie detailgetreu vom Vormittag berichtet, die gesungenen Lieder vorsingt und von Stuhlkreisspielen erzählt. Warum sie nicht spricht, beantwortet sie mit einem Schulterzucken.

Die Erzieherinnen versuchen mit Tricks, ihr ein Wort zu entlocken – ohne Erfolg. Meine größte Sorge gilt meiner Prüfung. Was mache ich, wenn sie in der Prüfungssituation plötzlich spricht? Wie plane ich das? Wie gehe ich mit ihr um? Was ist richtig und was ist falsch?

Auch in der Prüfungssituation spricht Nina nicht und auch, als ich nach einem Jahr die Einrichtung verlasse, schweigt Nina während des Einrichtungsbesuches.

? Nutze die ersten Schritte des Lesezeichens! Ergänze sie mit eigenen Fragen auf der Rückseite, wie z.B.: Was sind die wichtigsten Erkenntnisse, die ich aus dem ersten Lesen ziehe? Was finde ich selbst? Was macht es mit mir? Welche Fragen würde ich dem Klienten noch stellen?

Allgemein - Wissen:
Was ist ein Kindergarten?

Was ist die Erzieherausbildung? Was ist das Oberstufenpraktikum?

Fragen und/oder Aufträge zu relevanten Themengebieten:
In der altersgemischten Gruppe befinden sich Kinder von 3 - 6 Jahren.
Was ist kennzeichnend für diese Altersgruppe?

Beschäftige Dich mit dem allgemeinen Entwicklungsstand! Weiterhin könnte die Sprachentwicklung sehr interessant sein.
Nina ist normal entwickelt. Was heißt das?

Fragen und/oder Aufträge für den Professional / Hilfeleister:
Was möchtest Du noch herausfinden?

Wie würdest Du Dich in dieser Situation verhalten?

Ist es wichtig, dass sich alle Bezugspersonen absprechen?

Wie schaust Du auf Menschen? Darf Nina nicht selbst entscheiden, ob sie sprechen möchte?

Wer entscheidet darüber, wann ein anderer etwas sagt?

Ist Nina nun besser oder schlechter als Andere?

Ist sie einfach nur anders?

Mit welchem Menschenbild schaust Du auf diese Situation? (humanistisches, biologisches, psychoanalytisches…)

Gibt es hier Dilemmas?

Wie würdest Du diesen Kasus analysieren?

Nutzt Du ein zyklisches Vorgehen?

Welches methodische Vorgehen setzt Du ein?

Welche Hypothesen stellst Du zu diesem Verhalten auf?

Wie würdest Du Dein Handeln planen und warum?

Wie würdest Du reagieren wollen, wenn Nina beginnt zu sprechen?

Was sagt Dein Bauch? (Bauchhandeln)

Was sagst Du als Professional? (fachtheoretische Begründung)

AnSICHTssache:
Du kannst auf die Fragen aus unterschiedlichen Blickwinkeln schauen:
Wie argumentierst Du aus konstruktivistischer Sicht?

Wie argumentierst Du aus systemischer Sicht?

Wie argumentierst Du aus der Lebensweltperspektive?

Könntest Du in diesem Fall lösungsorientiert arbeiten? Begründe!

Oder arbeitest Du eher problemorientiert? Begründe!

Würdest Du Nina zum Sprechen animieren?

Übungsmöglichkeiten für Gespräche:
Wie würdest Du mit den Eltern über diese Situation ins Gespräch gehen?

Übe ein Gespräch mit der Mutter.
Übe ein Gespräch mit Mutter und Vater.
Stelle eine Teambesprechung nach. Wie würde der Fall Nina besprochen?

Kasus 2: Gibt es Klomonster?

In meinem ersten Jahr als kommissarische Leitung in einer katholischen Kindertagesstätte bekam ich durch die Suspendierung meiner damaligen Kollegin viele Aushilfen als Zweitkräfte in meine Gruppe, die zeitweise meine Arbeit in einer Kindertagesstätte unterstützten. Eine Vertretung, Jessica, war sehr engagiert. Sie unterstützte mich als Leitung in meiner Gruppe, sodass ich meine Leitungsaufgaben gut durchführen konnte. Die Kinder nahmen Jessica an, hatten Spaß mit ihr und sie kam den Tätigkeiten einer Erzieherin nach. Nachdem Jessica eine Woche in der Einrichtung tätig war, kam eine Mutter aufgeregt am Montagmorgen in die Einrichtung und bat um ein sofortiges Gespräch. Sie berichtete mir, dass ihr Kind nicht mehr zur Toilette gehen würde. Zuerst hatte ihre vierjährige Tochter Isabell erzählt, dass sie im Kindergarten nicht mehr zur Toilette gehen würde, das hatten Vater und Mutter noch als Witz abgetan. Als sie jedoch zuhause nach ihrem Töpfchen verlangte, wurden sie hellhörig. In einem sensiblen Gespräch erzählte die Tochter, dass Jessica erzählt habe, es gäbe Klomonster. Diese Tatsache machte dem Kind solche Angst, dass es nicht mehr auf die Toilette gehen konnte. Die Mutter forderte auch im Namen des Vaters die sofortige Entlassung meiner Kollegin.

? Nutze die ersten Schritte des Lesezeichens! Ergänze sie mit eigenen Fragen auf der Rückseite, wie z.B.: Was sind die wichtigsten Erkenntnisse, die ich aus dem ersten Lesen ziehe? Was finde ich selbst? Was macht es mit mir? Welche Fragen würde ich dem Klienten noch stellen?

Allgemein - Wissen:

Was ist eine kommissarische Leitung?

Was sind Leitungsaufgaben?

Was ist eine Suspendierung? Kannst Du rechtliche Grundlagen hierfür finden?

Was ist der Unterschied zwischen dem Erzieherberuf und dem Beruf als Sozialpädagoge, kultureller Sozialpädagoge, Pädagoge oder Sozialarbeiter?

Fragen und/oder Aufträge zu relevanten Themengebieten:
In der altersgemischten Gruppe befinden sich Kinder von 3 - 6 Jahren.
Was ist kennzeichnend für diese Altersgruppe?

Beschäftige Dich mit dem allgemeinen Entwicklungsstand! Weiterhin könnten die Reinlichkeitserziehung und Abweichungen im Verhalten sehr interessant sein.
Was ist Angst?

Rechtliche Frage:
Kann eine Fachkraft nach so einem Vorfall sofort entlassen werden?

Wovon ist eine Entlassung abhängig?

Gibt es Unterschiede bei einem katholischen, evangelischen, gemeindlichen, öffentlichen oder verbandlichen Träger?

Fragen und/oder Aufträge für den Professional / Hilfeleister:
Was möchtest Du noch herausfinden?

Wie würdest Du Dich in dieser Situation verhalten?

Ist es wichtig, dass alle Bezugspersonen miteinander sprechen?

Ist das Verhalten von Isabell in der Situation „normal"?

Wie würdest Du diesen Kasus analysieren?
Nutzt Du ein zyklisches Vorgehen?

Welches methodische Vorgehen setzt Du ein?

Welche Hypothesen stellst Du zu diesem Verhalten auf?

Welche Hypothesen kannst Du mit dem Thema Angst stellen?

Wie würdest Du Dein Handeln planen und warum?

Was sagt Dein Bauch? (Bauchhandeln)

Was sagst Du als Professional? (fachtheoretische Begründung)

Wie erklärst Du Isabells Verhalten?

Wie erklärst Du das Verhalten der Eltern?

Welche Beweggründe könnte Jessica gehabt haben?

AnSICHTssache:
Du kannst auf die Fragen aus unterschiedlichen Blickwinkeln schauen:
Wie schaust Du aus lerntheoretischer Sicht auf diesen Kasus?

Übungsmöglichkeiten für Gespräche:
Wie führst Du das Gespräch mit der Mutter?

Wie führst Du das Gespräch mit Jessica?

Übe!

Kasus 3: Komm, wir gehen spielen!

Nach jeden Sommerferien kommen die neuen Kinder in den Kindergarten. Die Schulkinder haben die Einrichtung vor den Sommerferien verlassen und die entlassene Anzahl Kinder wird wieder neu aufgenommen. In diesem Jahr sollte ich ein Phänomen erleben dürfen, dass sich in den zukünftigen Jahren auch durch andere Kinder wiederholen wird.

Sabrina (3,5 Jahre) und Katrin (3,2 Jahre) sind zwei der neuen Kinder. Sie haben sich auf den Schnuppermittagen kennengelernt und eine erste zaghafte Freundschaft entwickelt. Sabrina ist vor Katrin gebracht worden. Sie will an der Garderobe im Flur sitzen bleiben und auf Katrin warten. Als Katrin den Kindergarten betritt, weint sie und sitzt auf dem Arm ihrer Mutter. Sie tritt um sich, schreit und weint. Die Mutter ist den Tränen nahe. Katrin will nicht in den Kindergarten. Sabrina schaut unsicher in den Raum. Die Mutter von Katrin redet beruhigend auf sie ein, so weit ihr das gelingt. Ihr Gesicht zeigt deutlich, wie weh es ihr tut, Katrin im Kindergarten zu lassen. Ich schalte mich ein, probiere, Mutter und Kind zu beruhigen. Die Mutter setzt Katrin nach meinem Anraten einfach bei Sabrina ab, verlässt schnell die Einrichtung und schließt die Tür. Durch das Bürofenster (das Büro liegt direkt neben dem Eingangsbereich) sehe ich die Mutter weinend den Weg vom Kindergarten zum Auto laufen. Da ich plötzlich kein Weinen mehr höre, drehe ich mich zu den Kindern um und sehe gerade noch, wie Katrin ihre Tränen mit dem Ärmel weg wischt und zu Sabrina mit einem Knuff in die Seite sagt: „Komm, wir gehen spielen!"

Als ich die Mutter wie versprochen anrufe und ihr von dem Verhalten ihrer Tochter berichte, kann sie meinen Erzählungen kaum folgen und glauben. Vor allen Dingen an den nächsten Tagen zweifelt sie weiter daran, da sich dieses Szenario wiederholt

? Nutze die ersten Schritte des Lesezeichens! Ergänze sie mit eigenen Fragen auf der Rückseite, wie z.B.: Was sind die wichtigsten Erkenntnisse, die ich aus dem ersten Lesen ziehe? Was finde ich selbst? Was macht es mit mir? Welche Fragen würde ich dem Klienten noch stellen?

Allgemein - Wissen:

Was ist Angst?

Was ist Macht?

Was ist Ohnmacht?

Fragen und/oder Aufträge zu relevanten Themengebieten:
Was ist Trennungsangst?

Was bedeuten Angst, Macht oder Ohnmacht in diesem Kontext für das Kind und für die Mutter?

Fragen und/oder Aufträge für den Professional / Hilfeleister:
Was möchtest Du noch herausfinden?

Wie würdest Du Dich in dieser Situation verhalten?

Ist das Verhalten von Katrin in der Situation normal?

Wie würdest Du diesen Kasus analysieren?
Nutzt Du ein zyklisches Vorgehen?

Welches methodische Vorgehen setzt Du ein?

Welche Hypothesen stellst Du zu diesem Verhalten auf?

Welche Hypothesen kannst Du mit dem Thema Angst aufstellen?

Wie würdest Du Dein Handeln planen und warum?

Was sagt Dein Bauch? (Bauchhandeln)

Was sagst Du als Professional? (fachtheoretische Begründung)

Wie erklärst Du Katrins Verhalten?

Wie erklärst Du das Verhalten der Mutter?

AnSICHTssache:
Du kannst auf die Fragen aus unterschiedlichen Blickwinkeln schauen:
Wie erklärst Du aus biologischer Perspektive das Verhalten des Mädchens?

Wie erklärst Du aus psychoanalytischer Perspektive das Verhalten des Mädchens?

Wie erklärst Du aus behavioristischer Perspektive das Verhalten des Mädchens?

Wie erklärst Du aus kognitiver Perspektive das Verhalten des Mädchens?

Wie erklärst Du aus humanistischer Perspektive das Verhalten des Mädchens?

Übungsmöglichkeiten für Gespräche:

Würdest Du ein Gespräch mit Katrin führen? Wie sähe das konkret aus?
Worauf würdest Du achten? Welche Gesprächstechniken setzt Du ein?
Und wenn Du kein Gespräch führst, warum nicht?

Könnte es eine Option sein mit beiden Mädchen zu sprechen?

Worauf würdest Du beim Gespräch achten? Denke hierbei an Theorien, Methoden, Gesprächstechniken, Positionen, Beziehungsaspekte, Haltung, Begleitungsstil usw.

Übe das Telefonat mit der Mutter!

Kasus 4: Du stinkst!

In meinem Anerkennungsjahr arbeitete ich in der Therapiegruppe eines Sprachheil- und Regelkindergartens. In der altersgemischten Gruppe waren Kinder zwischen 5 und 7 Jahren mit unterschiedlichen Auffälligkeiten. Jedes Kind hatte neben anderen Entwicklungsrückständen oder anderen Auffällig-keiten eine Sprachbehinderung. Ein Kind in meiner Gruppe, Grit, (5 Jahre alt), stank täglich ganz schlimm nach Urin. Die Haare waren meist sehr fettig. Es war ein sehr freundliches Kind, das häufig Körperkontakt suchte und gerne durch starkes drücken zeigen wollte, wie wichtig ihm die Menschen waren. Doch durch den extremen scharfen Uringeruch gelang es keinem der Erzie-herInnen oder TherapeutInnen, auf ihr lieb gemeintes Angebot einzugehen.

? Nutze die ersten Schritte des Lesezeichens! Ergänze sie mit eigenen Fragen auf der Rückseite, wie z.B.: Was sind die wichtigsten Erkenntnisse, die ich aus dem ersten Lesen ziehe? Was finde ich selbst? Was macht es mit mir? Welche Fragen würde ich dem Klienten noch stellen?

Allgemein - Wissen:

Was ist das Anerkennungsjahr?

Was ist ein Sprachheil- und Regelkindergarten?

Was ist eine Therapiegruppe?

Was ist eine Behinderung?

Was ist ein Entwicklungsrückstand?

Wer ist Carl Rogers?

Was ist Echtheit?

Was ist Empathie?

Was ist Kongruenz?

Was ist bedingungslose positive Zuwendung/Annahme?

Fragen und/oder Aufträge zu relevanten Themengebieten:
In der altersgemischten Gruppe befinden sich Kinder von 5 - 7 Jahren.
Was ist kennzeichnend für diese Altersgruppe?

Beschäftige Dich mit dem allgemeinen Entwicklungsstand! Weiterhin könnten Abweichungen in der Entwicklung/Sprachentwicklung sehr interessant sein.

Was ist eine Sprachbehinderung?

Fragen und/oder Aufträge für den Professional / Hilfeleister:
Was möchtest Du noch herausfinden?

Wie würdest Du Dich in dieser Situation verhalten?

Ist das Verhalten von Grit in der Situation normal?

Stecken für Dich Dilemmas in diesem Kasus?

Wie würdest Du diesen Kasus analysieren?
Nutzt Du ein zyklisches Vorgehen?

Welches methodische Vorgehen setzt Du ein?

Welche Hypothesen stellst Du zu diesem Verhalten auf?

Welche Hypothesen kannst Du mit dem Thema Angst aufstellen?

Wie würdest Du Dein Handeln planen und warum?

Was sagt Dein Bauch? (Bauchhandeln)

Was sagst Du als Professional? (fachtheoretische Begründung)

Wie erklärst Du Grits Verhalten?

Darf Grit stinken? Wenn ja, warum? Wenn nein, warum nicht?

Übungsmöglichkeiten für Gespräche:
Wahrscheinlich ist ein Gespräch mit den Eltern des Mädchens angebracht.
Wie würdest Du dieses Gespräch führen?

Was sind die wichtigsten Aspekte im Gespräch?

Nutzt Du die Grundhaltungen von Rogers? Wenn ja, warum? Wenn nein, warum nicht?

Wie bereitest Du Dich vor?

Welche Gesprächsfertigkeiten nutzt du?

Übe die Situation!

Kasus 5: **Vergewaltigung?**

Im Regelkindergarten, in dem ich als Leitung tätig war, waren 50 Kinder aufgenommen. Es gab zwei Gruppen à 25 Kinder, die sich während der Freispielzeit im Ganzen ihnen zur Verfügung stehenden Gebäude aufhalten durften. Ein Gruppenraum hatte eine zweite Ebene mit zwei kleinen Häuschen, die sich ideal als sogenannte Puppenecke nutzen ließen. Dadurch, dass sie nicht von allen Seiten einzusehen waren, genossen es die Kinder, in Ruhe dort Vater, Mutter, Kind zu spielen.

Alle waren beschäftigt und ich hatte gerade ein Telefonat mit einem Vertreter, als ein Mädchen, Madeleine (5 Jahre) in mein Büro kommt und sehr blass aussieht. Ich beendete das Telefonat schnell und wandte mich ihr zu. Sie sagte einen Satz, den ich noch heute höre: „Marius hat mit mir geschlafen."

? Nutze die ersten Schritte des Lesezeichens! Ergänze sie mit eigenen Fragen auf der Rückseite, wie z.B.: Was sind die wichtigsten Erkenntnisse, die ich aus dem ersten Lesen ziehe? Was finde ich selbst? Was macht es mit mir? Welche Fragen würde ich dem Klienten noch stellen?

Allgemein - Wissen:

Was ist eine Vergewaltigung?

Was ist Sexualerziehung?

Was ist Sexualität?

Was ist Nähe?

Was ist Distanz?

Fragen und/oder Aufträge zu relevanten Themengebieten:

Können Kinder in dem Alter schon Geschlechtsverkehr haben?

Wie sieht Sexualerziehung in diesem Alter aus?

Was verändert sich in der Sexualerziehung, wenn das Kind 10 Jahre alt ist?

Was verändert sich mit 12 Jahren?

Was verändert sich mit 15 Jahren?

Spielen professionelle Nähe und Distanz hier eine Rolle?

Fragen und/oder Aufträge für den Professional / Hilfeleister:
Wie verhältst Du dich?

Nimmst Du das ernst?

Kann ein Kind in diesem Alter die Bedeutung dieses Satzes kennen?

AnSICHTssache:
Darf ein Kind die Bedeutung dieses Satzes in diesem Alter schon kennen?

Ab welchem Alter darf ein Kind die Bedeutung dieses Satzes kennen?

Gehört Sexualerziehung zu den Aufgaben eines Professionals of Social Work?

Was tust du, wenn Dir eine solche Situation passiert?

Würdest Du mit dem Kind ein Gespräch führen?

Darfst Du mit dem Kind überhaupt ein solches Gespräch führen? (Du bist kein Therapeut und kein Psychologe. Du hast keine spezielle Gesprächsausbildung.)

Würdest Du das Kind in den Arm nehmen? Darfst Du das?

Übungsmöglichkeiten für Gespräche:
Wie würdest Du mit dem Kind sprechen?

Was würdest Du dabei beachten?

Würdest Du spezielle Gesprächsfertigkeiten einsetzen? Welche?

Kasus 5: Vergewaltigung? (2)

Vergewaltigung? (1)
Im Regelkindergarten, in dem ich als Leitung tätig war, waren 50 Kinder aufgenommen. Es gab zwei Gruppen à 25 Kinder, die sich während der Freispielzeit im ganzen ihnen zur Verfügung stehenden Gebäude aufhalten durften. Ein Gruppenraum hatte eine zweite Ebene mit zwei kleinen Häuschen, die sich ideal als sogenannte Puppenecke nutzen ließen. Dadurch dass sie nicht von allen Seiten einzusehen waren genossen es die Kinder in Ruhe dort Vater, Mutter, Kind zu spielen.

Alle waren beschäftigt und ich hatte gerade ein Telefonat mit einem Vertreter, als ein Mädchen, Madeleine 5 Jahre in mein Büro kommt und sieht sehr blass aus. Ich beende schnell das Telefonat und wende mich ihr zu. Sie sagte einen Satz, den ich noch heute höre: „ Marius hat mit mir geschlafen."

Vergewaltigung? (2)
Erst einmal wurde ich sehr still und nahm sie in den Arm. Nach einigen Minuten erzählte sie, dass Marius (6 Jahre) gesagt habe, das gehöre zum Vater, Mutter, Kind spielen dazu und schließlich würden Frauen und Männer miteinander schlafen. Marius habe ihr dann geholfen, die Hose auszuziehen und dann habe er seinen Penis in ihre Scheide gesteckt. Ich habe sie gefragt, wie es ihr geht und ob ihr etwas weh tut. Sie verneinte dies und wollte spielen gehen. Ich nahm das Ganze sehr ernst. Ich tauschte mich mit einer Kollegin aus und bat sie, auf Madeleine Acht zu geben.

? **Fragen und/oder Aufträge für den Professional / Hilfeleister:**
Kennst Du Dich mit Sexualerziehung aus?

Was denkst Du musst Du noch Lernen, um adäquat mit verschiedenen Zielgruppen an dem Thema zu arbeiten?

AnSICHTssache:
Wie hättest Du Dich in der Situation verhalten?

Was hättest Du anders gemacht?

Hättest Du das Mädchen in den Arm genommen? Begründe?

Was ist Deine Meinung:
Muss ein Professional of Social Work auch Fachmann/ Fachfrau für Sexualerziehung sein?

Begleiter von verschiedenen Zielgruppen sollten immer mehr wissen, als ihre Klienten. Denkst du, dass Du im Rahmen von Sexualkunde mehr weißt?

Wie gehst Du mit Wörtern, die Kinder schon mal gerne gebrauchen, wie Arschloch oder Ficken um? Erlaubst du, dass Kinder die Wörter benutzen dürfen, oder verbietest Du es? Diskutiere dies mit Deinen Mitstudenten.

Übungsmöglichkeiten für Gespräche:
Kannst Du einfach so über Sexualität sprechen? Wie ist dies für dich?

Wie könnte ein Teamgespräch über Sexualität verlaufen?

Themen könnten sein:
Dürfen Kinder mit 6 Jahren schon Erfahrungen mit Sexualität haben?

Wann ist ein gutes Alter, um Kinder aufzuklären?

Was dürfen Kinder wann wissen?

Dürfen behinderte Menschen Sex haben? Dürfen hierfür Prostituierte eingekauft werden?

Dürfen Gefangene Sex haben? Dürfen hierfür Prostituierte eingekauft werden?

Dürfen Menschen in einem Altersheim Sex haben? Dürfen hierfür Prostituierte eingekauft werden?

Diskutiert und begründet!

Kasus 5: Vergewaltigung? (3)

Vergewaltigung? (1)
Im Regelkindergarten, in dem ich als Leitung tätig war, waren 50 Kinder aufgenommen. Es gab zwei Gruppen à 25 Kinder, die sich während der Freispielzeit im ganzen ihnen zur Verfügung stehenden Gebäude aufhalten durften. Ein Gruppenraum hatte eine zweite Ebene mit zwei kleinen Häuschen, die sich ideal als sogenannte Puppenecke nutzen ließen. Dadurch dass sie nicht von allen Seiten einzusehen waren genossen es die Kinder in Ruhe dort Vater, Mutter, Kind zu spielen.
Alle waren beschäftigt und ich hatte gerade ein Telefonat mit einem Vertreter, als ein Mädchen, Madeleine 5 Jahre in mein Büro kommt und sieht sehr blass aus. Ich beende schnell das Telefonat und wende mich ihr zu. Sie sagte einen Satz, den ich noch heute höre: „ Marius hat mit mir geschlafen."

Vergewaltigung? (2)

Erst einmal wurde ich sehr still und nahm sie in den Arm. Nach einigen Minuten erzählte sie, dass Marius (6 Jahre) gesagt habe, das gehöre zum Vater, Mutter, Kind spielen dazu und schließlich würden Frauen und Männer miteinander schlafen. Marius habe ihr dann geholfen, die Hose auszuziehen und dann habe er seinen Penis in ihre Scheide gesteckt. Ich habe sie gefragt, wie es ihr geht und ob ihr etwas weh tut. Sie verneinte dies und wollte spielen gehen. Ich nahm das Ganze sehr ernst. Ich tauschte mich mit einer Kollegin aus und bat sie, auf Madeleine Acht zu geben.

Vergewaltigung? (3)

Ich holte Marius und fragte ihn, was denn gerade in der Puppenecke geschehen sei. Marius sagte, er habe mit Madeleine Vater, Mutter, Kind gespielt und er berichtete ganz stolz: „Und ich war der Vater!" Ich fragte: „Was hast Du denn als Vater gemacht?" „Ich gehe arbeiten und schlafe mit meiner Frau." „So, und woher weißt Du so genau, dass ein Vater dies tut?" „Na, das habe ich bei Gute Zeiten – Schlechte Zeiten im Fernsehen gesehen. So geht das eben!"

? **Allgemein - Wissen:**

Was ist die heutige Definition für Familie?

Was ist eine Multiproblemfamilie?

Was sind die heutigen Rollenmuster und deren Aufgabe?

Wie haben sich die „Familie" und zugehörige Rollen und Aufgaben in den letzten Jahrzehnten verändert?

Kennst Du die Sinus-Studie? Forsche!

Wie werden hier Familien und deren Eigenschaften eingestuft?

Fragen und/oder Aufträge zu relevanten Themengebieten:

Welche Hypothesen würdest Du zu dieser Situation aufstellen?

Fragen und/oder Aufträge für den Professional / Hilfeleister:

Zu welchem Milieu gehörst Du nach Sinus?

Wie stufst Du Deine Klienten ein?

Wie hättest Du Dich in der Situation verhalten?

Übungsmöglichkeiten für Gespräche:
Wie würdest Du mit Marius im Gespräch weiter vorgehen? Übe!

Würdest Du ihn fragen, wie es bei ihm zuhause ist?

Wie würdest Du mit Marius sprechen?

Was würdest Du dabei beachten?

Würdest Du spezielle Gesprächsfertigkeiten einsetzen? Welche?

Kasus 5: Vergewaltigung? (4)

Vergewaltigung? (1)
Im Regelkindergarten, in dem ich als Leitung tätig war, waren 50 Kinder aufgenommen. Es gab zwei Gruppen à 25 Kinder, die sich während der Freispielzeit im Ganzen ihnen zur Verfügung stehenden Gebäude aufhalten durften. Ein Gruppen-

raum hatte eine zweite Ebene mit zwei kleinen Häuschen, die sich ideal als sogenannte Puppenecke nutzen ließen. Dadurch dass sie nicht von allen Seiten einzusehen waren genossen es die Kinder in Ruhe dort Vater, Mutter, Kind zu spielen.
Alle waren beschäftigt und ich hatte gerade ein Telefonat mit einem Vertreter, als
ein Mädchen, Madeleine 5 Jahre in mein Büro kommt und sieht sehr blass aus. Ich
beende schnell das Telefonat und wende mich ihr zu. Sie sagte einen Satz, den ich
noch heute höre: „ Marius hat mit mir geschlafen."

Vergewaltigung? (2)
Erst einmal wurde ich sehr still und nahm sie in den Arm. Nach einigen Minuten
erzählte sie, dass Marius (6 Jahre) gesagt habe, das gehöre zum Vater, Mutter, Kind
spielen dazu und schließlich würden Frauen und Männer miteinander schlafen. Marius habe ihr dann geholfen, die Hose auszuziehen und dann habe er seinen Penis
in ihre Scheide gesteckt. Ich habe sie gefragt, wie es ihr geht und ob ihr etwas weh
tut. Sie verneinte dies und wollte spielen gehen. Ich nahm das Ganze sehr ernst.
Ich tauschte mich mit einer Kollegin aus und bat sie, auf Madeleine Acht zu geben.

Vergewaltigung? (3)
Ich holte Marius und fragte ihn, was denn gerade in der Puppenecke geschehen sei.
Marius sagte, er habe mit Madeleine Vater, Mutter, Kind gespielt und er berichtete
ganz stolz: „Und ich war der Vater!" Ich fragte: „Was hast Du denn als Vater gemacht?" „Ich gehe arbeiten und schlafe mit meiner Frau." „So, und woher weißt Du
so genau, dass ein Vater dies tut?" „Na, das habe ich bei Gute Zeiten – Schlechte
Zeiten im Fernsehen gesehen. So geht das eben!"

Vergewaltigung? (4)
Nach Rücksprache mit einer Fachberatung vom Kreisjugendamt kam diese
als neutrale Instanz in den Kindergarten. Wir baten nacheinander die Eltern
zu einem Gespräch und fuhren mit der Mutter und dem Mädchen zu einer
Untersuchung zu einem Arzt.

? **Allgemein - Wissen:**
Was ist eine Fachberatung?

Was ist eine dialogische Haltung?

Was ist ein Menschenbild?

Was ist Evaluation?

Kennst Du SMART, Magie oder Fuzzy formulierte Ziele? Mach Dich auf die Suche!

Fragen und/oder Aufträge für den Professional / Hilfeleister:
Betrachte den gesamten Kasus. Wie würdest Du ihn in der Gesamtheit analysieren?

Welches Menschenbild legst Du zugrunde?

Welche Sicht hast Du auf die Beteiligten?

Nutze ein Modell zum methodischen Vorgehen!

Welches Problem würdest Du beschreiben?

Welche Hypothesen würdest Du aufstellen?

Welche Hilfefrage würdest Du formulieren?

Welche Ziele würdest Du mit den Klienten aufstellen? Mit welcher Methode?

Wie sähe Dein Handlungsplan aus? Nutze auch die dialogisierende Haltung!

Wie evaluierst du?

Welchen Begleitungsstil würdest Du anwenden?

AnSICHTssache:
Hättest Du eine neutrale Instanz hinzugezogen?

Wie hättest Du die Eltern benachrichtigt? Tausche Dich aus!

Du kannst auf die Fragen aus unterschiedlichen Blickwinkeln schauen:
Wie würdest Du systemisch auf diesen Fall schauen?

Nutze die Lebensweltperspektive, um noch anders auf den Fall schauen zu
können! In welcher Weise verändert sich dadurch Dein bisheriger Handlungsplan?

Übungsmöglichkeiten für Gespräche:
Übe ein „Bad news"-Gespräch anhand des Kasus!
Was ist einfach, was herausfordernd?

Welche Gesprächsfertigkeiten sind hier wichtig?

Kasus 6: Nikolaus

In einem katholischen Kindergarten ist es üblich, kirchliche Feste zu feiern und Kinder an den katholischen Glauben heranzuführen. So gehört das Nikolausfest jedes Jahr zum festen Bestandteil der Festlichkeiten.

Paul ist seit August im Kindergarten. Was Paul nicht weiß, ist, dass in diesem Jahr sein Vater unter dem Kostüm steckt. Er verkleidet sich als Nikolaus.

Die Kinder haben fleißig geübt, sie haben Gedichte einstudiert, Lieder gesungen und alle sind ganz aufgeregt, da der „heilige Mann" mit Gewandt, Bischofsstab und Mitra sehr ehrfurchterweckend aussieht. Die Kinder wissen, dass im goldenen Buch Böses und Gutes steht und der Nikolaus über das Jahr hin die Kinder beobachtet und alles in dem Buch sammelt, was wichtig ist.

Natürlich gehört dies zum Nikolausbrauch und für die Kinder ist dies eine spannende Zeit.

Pauls Vater zieht sich im Büro um. Die Kinder haben ihn nicht gesehen. Sie warten ganz gespannt im Stuhlkreis und auf ein Zeichen hin beginnen sie mit dem Singen und der Nikolaus kommt in die Gruppe. Alle Kinder schauen angespannt. Paul darf den Bischofsstab festhalten.

Als die Feier vorbei ist, sind die Kinder entspannt und schauen in ihren Schuh im Flur, was der Nikolaus hineingelegt hat.

Paul kommt zu mir und sagt: „Du, weißt du, der Nikolaus hatte die selben Schuhe an, wie mein Papa!"

? Nutze die ersten Schritte des Lesezeichens! Ergänze sie mit eigenen Fragen auf der Rückseite, wie z.B.: Was sind die wichtigsten Erkenntnisse, die ich aus dem ersten Lesen ziehe? Was finde ich selbst? Was macht es mit mir? Welche Fragen würde ich dem Klienten noch stellen?

Allgemein - Wissen:
Was sind Bräuche?

Was sind Rituale?

Fragen und/oder Aufträge zu relevanten Themengebieten:
In welcher Entwicklungsphase ist Paul?

Spielen in der Phase Bräuche und Rituale eine Rolle?

AnSICHTssache:
Sind kirchliche Feste und Bräuche wichtig? Begründe!

Was denkst Du in diesem Kontext über das Verkleiden?

Wie reagierst Du auf den Satz von Paul?

Was denkst Du über das Sammeln der guten und bösen Taten?

Übungsmöglichkeiten für Gespräche:
Wie reagierst Du auf Pauls Aussage?

Kasus 7: Ab nach Hause

Die Kinder aus den umliegenden Ortschaften des Kindergartens werden jeden Morgen mit dem Bus „eingesammelt" und zum Kindergarten gebracht. Sie steigen am Kindergarten aus und purzeln und rennen den Weg zur Eingangstür hoch, oben steht eine Erzieherin und nimmt die Kinder in Empfang. Das wiederholt sich jeden Morgen.

So auch an diesem Morgen. Die Kinder kommen den Weg hoch, werden begrüßt und gehen lachend in den Kindergarten. Jonas ist heute Morgen nicht dabei. Die Erzieherinnen schließen sich kurz, es hat auch keiner angerufen und Jonas krank gemeldet. Sie gehen davon aus, dass er den Bus verpasst hat und nachgebracht wird. Alle spielen und gehen dem Kindergartenalltag nach. Ungefähr 15 Minuten später klingelt eine Mutter eines anderen Kindergartenkindes, das bereits da ist, an der Einrichtungstür. Bei ihr steht Jonas. Sie berichtet, dass sie ihn ganz alleine auf der großen Zufahrtshauptstraße zum Dorf spazieren gehen sah. Jonas sagt nur: „Ich wollte nach Hause!" In einem anschließenden Gespräch sagt er, er sei einfach hinter dem Bus rumgegangen und den Weg nach Hause würde er ja kennen.

? Nutze die ersten Schritte des Lesezeichens! Ergänze sie mit eigenen Fragen auf der Rückseite, wie z.B.: Was sind die wichtigsten Erkenntnisse, die ich aus dem ersten Lesen ziehe? Was finde ich selbst? Was macht es mit mir? Welche Fragen würde ich dem Klienten noch stellen?

Allgemein - Wissen:

Was ist Aufsichtspflicht?

Was ist eine Dienstaufsichtsbeschwerde?

Was ist eine Abmahnung?

Was ist Schuld?

Was ist Selbstständigkeit?

Was ist Erziehung zur Selbstständigkeit?

Fragen und/oder Aufträge zu relevanten Themengebieten:
Haben die Erzieherinnen hier die Aufsichtspflicht verletzt?

Können die Eltern die Erzieherinnen anzeigen und/oder zur Verantwortung ziehen?

Können die Eltern eine Dienstaufsichtsbeschwerde einreichen?

Können die Erzieherinnen eine Abmahnung erhalten?

Wer hat Schuld?

Wer hat mehr Schuld?

Sind alle Schuld?

Hat die Leiterin in diesem Fall mehr Verantwortung als andere Angestellte?

Recherchiere zum Thema Selbstständigkeit. Nimm in der Bearbeitung auch die Entwicklungsstufe des Kindes hinzu. Begründe das Verhalten von Jonas! Entdeckst Du Dilemmata?

Fragen und/oder Aufträge für den Professional / Hilfeleister:
Versetze Dich in die Lage der Erzieherin. Wie würdest Du in dieser Situation reagieren?

Jonas ist sehr selbstständig und weiß, was er will. Lobst Du ihn hierfür? Begründe!

AnSICHTssache:
Kann man in diesem Fall überhaupt von Schuld sprechen?

Übungsmöglichkeiten für Gespräche:
Was besprichst Du mit Jonas? Übe!

Wie besprichst Du dies mit Jonas? Begründe und übe!

Wie informierst Du die Mutter?

Rufst Du sie an oder wartest Du bis zur Abholzeit? Übe und/oder diskutiere!

Kasus 8: Hausbesuch

Beim Hausbesuch eines Kindergartenkindes, bei dem wir starke Verwahrlosung vermuteten, wussten wir nicht, was uns erwartet. Wir hatten einen
Termin mit der Mutter des Kindes – Melis – gemacht.

Sie fand es ganz toll, von uns zuhause besucht zu werden, machte freu-
destrahlend einen Termin mit uns und versprach: „Ich backe auch einen
Kuchen. „Das ist wirklich nicht nötig.", entgegneten wir.

Einige Tage später machten wir uns zu zweit auf den Weg.

Das Haus war unserer Ansicht nach in keinem guten Zustand. Um das Haus
herum hing ein nicht angenehmer Geruch in der Luft. Eine Klingel konnten wir nicht finden. Die Tür ließ sich einfach so aufdrücken. Der Hausflur
war sehr verdreckt, die Wände bemalt. An den Wohnungstüren waren keine
Namensschilder. An einer Tür standen im Flur Melis´ Schuhe, wir klopften.
Als Melis öffnete und uns anstrahlte, nahmen wir mehr den Geruch wahr,
der aus der Wohnung kam, als das strahlende Kind, dass sich so sehr freute,
dass die Erzieherinnen aus dem Kindergarten es besuchten.

Melis führte uns hinein. Ich hatte so etwas in meinem ganzen Leben
noch nicht gesehen. Katzen, so viele konnte man kaum zählen und drei
Hunde sprangen durch das Wohnzimmer, auf dem Tisch und dem Sofa
herum. Selbst Flöhe konnte man entdecken. Mitten auf dem Dreiersofa
eine große Pfütze, die nicht mehr so ganz frisch aussah, vom Geruch
muss man nicht mehr reden. Die Mutter betrat strahlend den Raum und
sagte: „Sie können schon mal Platz nehmen, der Kaffee ist sofort durch
und der Kuchen schon fertig!"

? Nutze die ersten Schritte des Lesezeichens! Ergänze sie mit eigenen Fragen auf der Rückseite, wie z.B.: Was sind die wichtigsten Erkenntnisse, die ich aus dem ersten Lesen ziehe? Was finde ich selbst? Was macht es mit mir? Welche Fragen würde ich dem Klienten noch stellen?

Allgemein - Wissen:

Was ist Verwahrlosung?

Was ist Kindeswohlgefährdung?

Was ist das Sozialgesetzbuch?

Was sind Hilfen zur Erziehung?

Was ist Selbstwahrnehmung?

Was ist Fremdwahrnehmung?

Forsche zum Thema Kinder und Tiere.

Was ist Konstruktivismus?

Was ist die Lebensweltperspektive?

Fragen und/oder Aufträge zu relevanten Themengebieten:
Es ist ein Hausbesuch der Erzieherinnen. Müssen diese nun das Jugendamt einschalten?

Fragen und/oder Aufträge für den Professional / Hilfeleister:
Wie hättest Du reagiert?

Stell Dir vor, Du machst diesen Hausbesuch. Würdest Du das Jugendamt einschalten?

Stell Dir vor, Du bekommst den Auftrag vom Jugendamt, diese Familie zu unterstützen. Wie würdest Du erste Schritte in der Familie planen? Begründe auch fachtheoretisch.

AnSICHTssache:

Du kannst auf die Fragen aus unterschiedlichen Blickwinkeln schauen:
Wie betrachtest Du den Kasus aus konstruktivistischer Sicht?

Wie betrachtest Du den Kasus ausgehend der Lebensweltperspektive?
Nimm hierbei eine dialogisierende Haltung ein!

Ausgehend von der Tatsache, dass jeder in seiner Lebenswelt lebt, den anderen nie wirklich verstehen wird und unser Gegenüber gut so ist, wie es ist – wie würdest Du hier einen Ansatz für sozialpädagogische Arbeit sehen?

Übungsmöglichkeiten für Gespräche:

Übe, wie Du Angebote ablehnst.
Übe, wie Du Deine Wahrnehmung thematisierst.
Übe ein Gespräch, indem Du ankündigst, dass Du das Jugendamt einschaltest.
Stell Dir vor, Du arbeitest beim Jugendamt: Wie würdest Du ein Gespräch beginnen wollen?

Kasus 9: Hirntumor

Janine ist 5 Jahre alt. Bei ihr wurde mit 3 Jahren ein Hirntumor festgestellt. Sie wurde schon mehrfach operiert, doch er wächst immer wieder nach. Janine hat auf Grund der Operationen am Kopf momentan keine Haare. Sie kommt regelmäßig in den Kindergarten. Sie läuft sehr schlecht, mehr wankend und kann nicht so gut sprechen. Ihre Motorik ist insgesamt nicht altersentsprechend. Eine OP stellt für sie immer wieder einen Rückschlag dar. Sie würde so gerne in die Schule gehen. An sich ist sie so stark entwicklungsverzögert, dass sie eine Einschulung gar nicht schaffen kann, aber sie möchte unbedingt. Dennoch entschließen sich die Eltern dazu, sie noch ein Jahr im Kindergarten zu lassen. 6 Monate später stirbt sie an den Folgen der nächsten Hirnoperation.

? Nutze die ersten Schritte des Lesezeichens! Ergänze sie mit eigenen Fragen auf der Rückseite, wie z.B.: Was sind die wichtigsten Erkenntnisse, die ich aus dem ersten Lesen ziehe? Was finde ich selbst? Was macht es mit mir? Welche Fragen würde ich dem Klienten noch stellen?

Allgemein - Wissen:

Was ist ein Hirntumor?

Welche motorischen Fähigkeiten hat ein 5-jähriges Kind?

Was ist Schulfähigkeit?

Was ist ein Einschulungsparcours?

Was ist eine Entwicklungsverzögerung?

Was ist eine Hypothese im Rahmen sozialer Arbeit?

Fragen und/oder Aufträge zu relevanten Themengebieten:

Welche Hypothesen stellst Du aufgrund des motorischen Verhaltens von Janine auf?

AnSICHTssache:

Was würdest Du tun? Darf Janine in die Schule? Hättest Du ihren Wunsch erfüllt?

Ist es wichtig, dass sie es eigentlich gar nicht kann?

Diskutiere mit Mitstudenten und/oder Dozenten, Kollegen usw.
Wer verliert und wer gewinnt in den Situationen?

Übungsmöglichkeiten für Gespräche:

Sprich mit den Eltern über den großen Wunsch von Janine, in die Schule gehen zu wollen.

$Kasus$ 10: Leander

Leander 1

Leander und die Erfahrungen seiner Familie verfolgen wir nun in verschiedenen Lebensabschnitten.

Leander wird 6-8 Wochen zu früh per Kaiserschnitt geboren. Da er sogenannte Anpassungsschwierigkeiten hat, kommt er auf die Intensivstation. Hier liegt er in einem Inkubator. Er wird dort gut versorgt. Wenn er Hunger hat ruft die Schwester, die Mutter an und sie kommt von ihrem Zimmer herüber, um ihren Sohn zu füttern. Am 4. Krankenhaustag geht sie nach einem kurzen Spaziergang über dem Flur bei ihrem Sohn vorbei und schaut durch das Fenster, das Bett ist leer. Seine Mutter klingelt vorsichtig an der Tür.

? Nutze die ersten Schritte des Lesezeichens! Ergänze sie mit eigenen Fragen auf der Rückseite, wie z.B.: Was sind die wichtigsten Erkenntnisse, die ich aus dem ersten Lesen ziehe? Was finde ich selbst? Was macht es mit mir? Welche Fragen würde ich dem Klienten noch stellen?

Allgemein - Wissen:

Was ist ein Kaiserschnitt?

Was sind Anpassungsschwierigkeiten?

Was ist eine Intensivstation für Säuglinge?

Was ist ein Inkubator?

Was ist Angst?

Fragen und/oder Aufträge zu relevanten Themengebieten:

Was denkst du, geht in dem Kopf der Mutter vor?

Kasus 10: Leander 2

Leander 1
Leander und die Erfahrungen seiner Familie verfolgen wir nun in verschiedenen Lebensabschnitten.

Leander wird 6-8 Wochen zu früh per Kaiserschnitt geboren. Da er sogenannte Anpassungsschwierigkeiten hat, kommt er auf die Intensivstation. Hier liegt er in einem Inkubator. Er wird dort gut versorgt. Wenn er Hunger hat ruft die Schwester, die Mutter an und sie kommt von ihrem Zimmer herüber, um ihren Sohn zu füttern. Am 4. Krankenhaustag geht sie nach einem kurzen Spaziergang über dem Flur bei ihrem Sohn vorbei und schaut durch das Fenster, das Bett ist leer. Seine Mutter klingelt vorsichtig an der Tür.

Leander 2
Die Schwestern informieren darüber, dass Leander wurde auf die normale Säuglingsstation verlegt, ohne die Mutter darüber zu informieren. Es tut allen sehr leid. Seine Mutter läuft so schnell es ihr nach der OP möglich ist zur Säuglingsstation, um sicher zu gehen, dass ihr Kind dort wirklich ist. Als sie sieht, dass alles gut ist, setzt sie sich ins Stillzimmer und beginnt bitterlich an zu weinen.

Allgemein - Wissen:
Was ist eine Säuglingsstation?

AnSICHTssache:
Darf so etwas passieren?

Kannst Du verstehen, dass die Mutter weint? Warum?

Du kannst auf die Fragen aus unterschiedlichen Blickwinkeln schauen:

Aus welchen Blickwinkeln kannst Du das verhalten der Mutter erklären?

Übungsmöglichkeiten für Gespräche:

Informiere die Mutter darüber, dass alles in Ordnung ist.

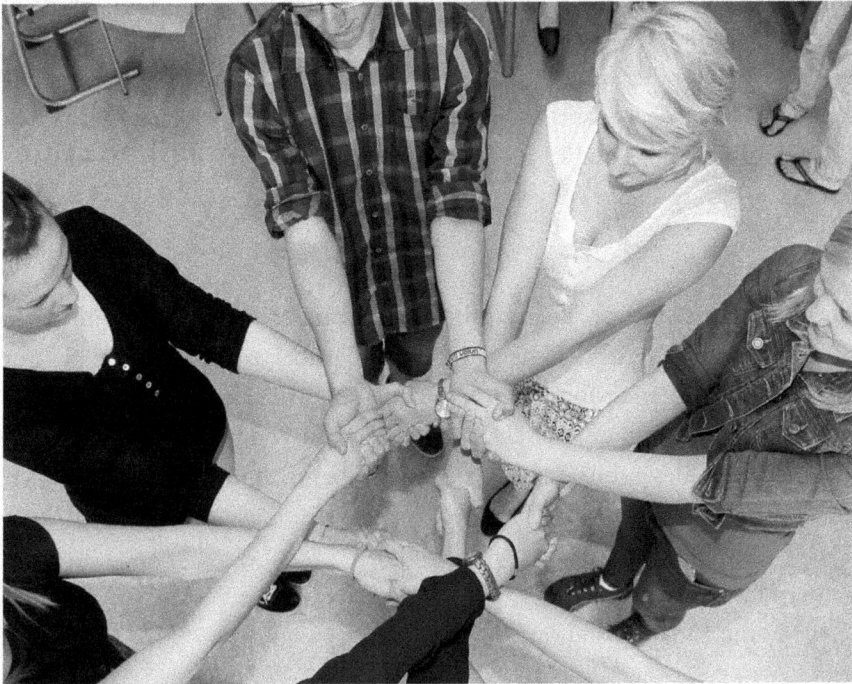

Kasus 10: Leander 3

Leander 1

Leander und die Erfahrungen seiner Familie verfolgen wir nun in verschiedenen Lebensabschnitten.

Leander wird 6-8 Wochen zu früh per Kaiserschnitt geboren. Da er sogenannte Anpassungsschwierigkeiten hat, kommt er auf die Intensivstation. Hier liegt er in einem Inkubator. Er wird dort gut versorgt. Wenn er Hunger hat ruft die Schwester, die Mutter an und sie kommt von ihrem Zimmer herüber, um ihren Sohn zu füttern. Am 4. Krankenhaustag geht sie nach einem kurzen Spaziergang über dem Flur bei ihrem Sohn vorbei und schaut durch das Fenster, das Bett ist leer. Seine Mutter klingelt vorsichtig an der Tür.

Leander 2
Die Schwestern informieren darüber, dass Leander wurde auf die normale Säuglingsstation verlegt, ohne die Mutter darüber zu informieren. Es tut allen sehr leid. Seine Mutter läuft so schnell es ihr nach der OP möglich ist zur Säuglingsstation, um sicher zu gehen, dass ihr Kind dort wirklich ist. Als sie sieht, dass alles gut ist, setzt sie sich ins Stillzimmer und beginnt bitterlich an zu weinen.

Leander 3
Einen Tag später kommt die Schwiegermutter von Leanders Mutter ins Krankenzimmer. Leanders Mutter freut sich, ihr ihren Sohn zu zeigen. Als sie sich aufsetzt, um aufzustehen, sagt sie:" „Komm wir holen Leander, er hat gerade ein Sonnenbad unter der Lampe genommen wegen der Neugeborenengelbsucht." Die Schwiegermutter entgegnet: „Ne, lass ma, ich muss auch wieder gehen, ich hab mir den schon durch die Scheibe zeigen lassen, hier haste 10 Euro, kauf für den Jung ma watt!" Leanders Mutter ist sehr entsetzt.

?

Allgemein - Wissen:
Was ist Neugeborenen Gelbsucht?

Was ist mit der Lampe und dem Sonnenbad gemeint?

AnSICHTssache:
Wie findest Du das Verhalten der Schwiegermutter?

? Wärst Du auch entsetzt?

Stell Dir vor, Du würdest die Mutter begleiten und bekämst diese Situation mit.
Wie würdest Du reagieren?

Welche Ansatzpunkte siehst Du in der Begleitung?

Würdest Du überhaupt intervenieren?

Kasus 10: Leander 4

Leander 4
Leander wächst heran. Er sitzt mit 18 Monaten im Kinderwagen und liest die Nummernschilder am Auto vor.

Allgemein - Wissen:
Was kann ein Kind mit 18 Monaten?

AnSICHTssache:
Schaue aus Lerntheoretischer Sicht auf Leander!

Kann ein Kind schon mit 18 Monaten Nummernschilder lesen?

Darf ein Kind mit 18 Monaten dies schon können?

Stell Dir vor Du begleitest die Mutter, wie reagierst Du auf die Situation?

Was würdest Du der Mutter sagen?

Würdest Du etwas unternehmen wollen?

Siehst Du einen Hilfebedarf?

Kasus 10: Leander 5

Leander 4
Leander wächst heran. Er sitzt mit 18 Monaten im Kinderwagen und liest die Nummernschilder am Auto vor.

Leander 5
Mit 2 Jahren singt Leander schon das Musical die Kleine Raupe Nimmersatt ganz auswendig und rechnet im Zahlenraum bis 20.

? Welche Fragen kannst Du Dir hier stellen?

Kasus 10: Leander 6

Leander 4
Leander wächst heran. Er sitzt mit 18 Monaten im Kinderwagen und liest die Nummernschilder am Auto vor.

Leander 5
Mit 2 Jahren singt Leander schon das Musical die kleine Raupe Nimmersatt ganz auswendig und rechnet im Zahlenraum bis 20.

Leander 6
In der Spielgruppe spielt Leander schon Gesellschaftsspiele für Kinder ab 4 – 5 Jahren und wenn andere Kinder alles umwerfen, wird er sehr wütend und haut meistens.

? **Allgemein - Wissen:**
Was ist Wut?

Wie entsteht Wut?

In welchem Alter ist ein Kind in der Lage Wut zu empfinden?

Lernt ein Kind Wut?

Was ist Spielverhalten?

Wie entwickelt sich Spielverhalten in den Entwicklungsphasen eines Kindes?

Was ist Sozialverhalten?

Wie entwickelt sich Sozialverhalten?

AnSICHTssache:
Ist Leanders Spielverhalten nicht altersgerecht?

Ist Leanders Sozialverhalten gestört?

Du kannst auf die Fragen aus unterschiedlichen Blickwinkeln schauen:
Erkläre das Verhalten des Kindes aus spieltheoretischer Sicht.

Welches Verhalten wäre aus fachtheoretischer Sicht nun das Beste für Leander?

Nimm einen anderen Blickwinkel ein:
Verhalten sich die anderen Kinder altersgemäß?

Stelle Hypothesen auf: Warum verhält sich Leander so?

Übungsmöglichkeiten für Gespräche:
Im Beratungsgespräch in einer Erziehungsberatungsstelle erzählt Dir die Mutter vom Verhalten in der Spielgruppe. Sie macht sich größte Sorgen,

um die Entwicklung des Kindes. Hierbei geht es nur um die Spielsituation. Mehr Informationen hast Du nicht. Wie bereitest Du Dich auf das Gespräch vor? Was ist hierbei wichtig? Übe das Gespräch.

Kasus 10: Leander 7

Leander 7
Er kommt mit 3 Jahren in den Kindergarten, nach einigen Wochen fragt die Mutter, ob etwas auffallen würde. Die Erzieherinnen entgegnen: „Es ist alles normal, nur das Sozialverhalten, da wird es schwierig."

?

Allgemein - Wissen:
Vertiefe Dich nochmals in das Thema Sozialverhalten.

Was ist Hochbegabung?

Mache Dich auf die Suche über wissenschaftliche Arbeiten zum Thema Hochbegabung. Was kannst Du herausfinden?

Fragen und/oder Aufträge zu relevanten Themengebieten:
Hochbegabung – ein möglicher Schlüssel für diesen Kasus.
Erkläre ausgehend von diesem Themengebiet das bisherige Verhalten von Leander.

Fragen und/oder Aufträge für den Professional / Hilfeleister:
Wie würdest Du mit einem hochbegabten Kind umgehen?

Wie würdest Du Dein Verhalten anpassen wollen, damit Du ein adäquater Begleiter für Leander und seine Familie sein kannst?

Wie würde für Dich ein erster Hilfeplan aussehen, wenn sich Deine Hypothese bestätigt?

Wie sähe Deine Begleitung der Eltern aus?

Übungsmöglichkeiten für Gespräche:
Du möchtest herausfinden, ob Deine Idee, dass Leander hochbegabt ist, richtig ist. Hierzu fehlen Dir einige Informationen. Wie würdest Du das Gespräch mit Leanders Eltern gestalten, um Deine Hypothese zu bestätigen.

Übe!

Kasus 10: Leander 8

Leander 7
Er kommt 3 Jahren in den Kindergarten, nach einen Wochen fragt die Mutter, ob etwas auffallen würde. Die Erzieherinnen entgegnen: „Es ist alles normal, nur das Sozialverhalten, da wird es schwierig."

Leander 8
Einige Wochen nach Leanders 4. Geburtstag machen die Erzieherinnen eine Fortbildung, hierbei geht es u.a. um Hochbegabung. Am nächsten Tag hat Leanders Mutter sehr viel Informationsmaterial in ihrem Postfach. Sie soll mit der Grundschule Kontakt aufnehmen, da die Erzieherinnen denken, Leander ist hochbegabt.

?

Allgemein - Wissen:
Ab wann kommt ein Kind in Deutschland in die Schule?

Ab wann kommt ein Kind in den Niederlanden in die Schule?

Was sind Gründe für eine Nichteinschulung?

Gibt es durch den Inklusionsgedanken eine Förderung für Hochbegabte, die festgelegt ist?

Fragen und/oder Aufträge zu relevanten Themengebieten:
Hältst Du die Art der Informationsweitergabe für professionell? Hättest Du etwas anders gemacht. Begründe!

Übungsmöglichkeiten für Gespräche:
Wie würdest Du ein Gespräch mit Leanders Eltern führen und ihnen darin
die Informationen zukommen lassen?

Kasus 10: Leander 9

Leander 7
Er kommt 3 Jahren in den Kindergarten, nach einen Wochen fragt die Mutter, ob
etwas auffallen würde. Die Erzieherinnen entgegnen: „Es ist alles normal, nur das
Sozialverhalten, da wird es schwierig."

Leander 8
Einige Wochen nach Leanders 4. Geburtstag machen die Erzieherinnen eine Fortbildung, hierbei geht es u.a. um Hochbegabung. Am nächsten Tag hat Leanders
Mutter sehr viel Informationsmaterial in ihrem Postfach. Sie soll mit der Grundschule Kontakt aufnehmen, da die Erzieherinnen denken, Leander ist hochbegabt.

Leander 9
Leanders Eltern müssen über ein halbes Jahr auf einen Termin zum Testen
der eventuellen Hochbegabung warten. Zwei Wochen vor seinem 5. Geburtstag wird Leander getestet. Der Psychologe kommt vom Kreisschulamt
und das Testverfahren ist kostenlos. Er besucht Leander im Kindergarten
und beobachtet ihn in Spielsituationen. Da Leander nicht mit ihm nach
Hause fahren will, holen ihn die Eltern ab und der Psychologe folgt ihnen
nach Hause in seine gewohnte Umgebung. Der Psychologe schaut sich das
Kinderzimmer an und führt verschiedene Tests im Wohnzimmer der Familie
am Esstisch durch.

? **Allgemein - Wissen:**
Was sind Diagnoseverfahren?

Was sind Diagnoseverfahren zur Erkennung von Hochbegabung?

Gibt es auch Verfahren für Erwachsene?

AnSICHTssache:
Leander möchte nicht mit dem Psychologen vom Kindergarten nach Hause fahren. Was denkst Du hierüber? Stellt sich Leander nur an? Er hat den Herrn doch jetzt morgens im Kindergarten kennengelernt.

Kasus 10: Leander 10

Leander 9
Leanders Eltern müssen über ein halbes Jahr auf einen Termin zum Testen der eventuellen Hochbegabung warten. Zwei Wochen vor seinem 5. Geburtstag wird Leander getestet. Der Psychologe kommt vom Kreisschulamt und das Testverfahren ist kostenlos. Er besucht Leander im Kindergarten und beobachtet ihn in Spielsituationen. Da Leander nicht mit ihm nach Hause fahren will, holen ihn die Eltern ab und der Psychologe folgt ihnen nach Hause in seine gewohnte Umgebung. Der Psychologe schaut sich das Kinderzimmer an und führt verschieden Tests im Wohnzimmer der Familie am Esstisch durch.

Leander 10
Leander hat ziemlich schnell heraus, dass der Psychologe für richtige Dinge Punkte vergibt und für nicht so gute oder falsche Dinge weniger oder keine Punkte. Leander will nicht mehr mitmachen.

? Welche Fragen kannst Du Dir hier stellen?

Kasus 10: Leander 11

Leander 9

Leanders Eltern müssen über ein halbes Jahr auf einen Termin zum Testen der eventuellen Hochbegabung warten. Zwei Wochen vor seinem 5. Geburtstag wird Leander getestet. Der Psychologe kommt vom Kreisschulamt und das Testverfahren ist kostenlos. Er besucht Leander im Kindergarten und beobachtet ihn in Spielsituationen. Da Leander nicht mit ihm nach Hause fahren will, holen ihn die Eltern ab und der Psychologe folgt ihnen nach Hause in seine gewohnte Umgebung. Der Psychologe schaut sich das Kinderzimmer an und führt verschieden Tests im Wohnzimmer der Familie am Esstisch durch.

Leander 10

Leander hat ziemlich schnell heraus, dass der Psychologe für richtige Dinge Punkte vergibt und für nicht so gute oder falsche Dinge weniger oder keine Punkte. Leander will nicht mehr mitmachen.

Leander 11

Der Psychologe verabschiedet sich und verspricht die Mutter mittags auf ihrer Arbeitsstelle anzurufen und über das grobe Ergebnis Auskunft zu geben. Der genaue Bericht folgt dann in den nächsten 4 – 6 Wochen.

Die Mutter macht sich Gedanken, könnte es doch etwas nicht so gutes sein, der Psychologe hat ein paar Mal mit Kopf geschüttelt bei der Durchführung der Tests. Leander hat einige Male das Mitmachen verweigert und sie musste sich mit ihrem Mann abwechseln, damit Leander überhaupt noch mitmachte.

Was hat das alles zu bedeuten?

Endlich klingelt das Telefon.

„Hallo Frau Meier, ich bin mit den groben Auswertungen fertig. Sitzen sie?"
Frau Meier ist so aufgeregt, dass ihr schon die Tränen in die Augen schießen.

„Ihr Sohn ist wie ein 6er im Lotto den keiner will! So ein einheitliches Ergebnis ist mir seit Jahren nicht mehr untergekommen – meine Empfehlung sofortige Einschulung nach den Sommerferien – extreme ganzheitliche Hochbegabung!"

Leanders Mutter bekommt die Informationen gar nicht alle sortiert und muss weinen, weil sich die Anspannung löst, ist dies nun alles gut oder schlecht?

?

Allgemein - Wissen:
Was ist eine ganzheitliche Hochbegabung?

Wie wird Hochbegabung gemessen?

Wie muss das Ergebnis des Tests aussehen, das zu diesen Aussagen passt?

Fragen und/oder Aufträge zu relevanten Themengebieten:
Analysiere das Gespräch. Welche Fakten findest du?

Welche Fakten fehlen?

Fragen und/oder Aufträge für den Professional / Hilfeleister:
Wie würdest Du dieses Gespräch aus fachlicher Sicht beurteilen? Begründe!

Übungsmöglichkeiten für Gespräche:

Wie hättest Du dieses Gespräch geführt? Welche Informationen hättest Du gegeben? Übe!

Kasus 10: Leander 12

Leander 12

Leander bekommt abends erzählt, was das Ergebnis ist und wenn er will, darf er in die Schule. Seine Reaktion: „In 2 Wochen werde ich 5, dann will ich eine Schultasche. Jetzt bin ich ein Vorschulkind! Sagt bloß schnell im Kindergarten Bescheid!"

?

Fragen und/oder Aufträge für den Professional / Hilfeleister:

Versetze Dich in Leander. Warum denkst Du ist seine Reaktion so positiv?

Warum ist ihm wichtig, dass der Kindergarten schnell Bescheid weiß?

AnSICHTssache:

Denkst Du ist es richtig, dass er in die Schule kommt? Begründe!

Was wäre anders oder würde passieren, wenn Leander nicht eingeschult würde?

Kasus 10: Leander 13

Leander 13

Leander kommt nach den Sommerferien in die Schule. Es wird mit den Lehrern alles vorbereitet, damit nichts schief geht und er nicht mit seinen Vorstellungen eine Bauchlandung erlebt und denkt es ist wieder alles langweilig. Doch nach einigen Wochen geht es los, er sagt es geht zu langsam und die meisten Sachen kann er schon. Die Lehrerin bietet ihm an, in eine andere Klasse zu gehen. Er kommt zurück und sagt: „Da sieht es genauso aus, ich will bei Dir bleiben." Da in der Grundschule Kinder der 1. und 2. Klasse zusammen unterrichtet werden, hat Leander den Stoff des 1. und 2. Schuljahres am Ende der ersten Klasse durch und in Mathematik bis zum 4. Schuljahr. Was soll nun im zweiten bis vierten Schuljahr geschehen. Die Lehrer schaffen es, die Zeit mit schweren Knobelaufgaben zu überbrücken. Zum Ende des 2. Schuljahres wird Kontakt mit dem Gymnasium gelegt. Zu Beginn des 3. Schuljahres geht Leander einmal in der Woche zum Gymnasium. Dies hält er 6 Wochen im 5. Schuljahr durch. Er langweilt sich so sehr, dass entschlossen wird, dass er am Ende des 3. Schuljahres die Schule wechselt und zum Gymnasium geht. Alle Beteiligten setzen sich zusammen und bereiten den Schulwechsel vor.

?

Allgemein - Wissen:
Was sind für Dich relevante Wissensgebiete mit denen Du Dich beschäftigen möchtest?

Gibt es Untersuchungen, die hier relevant sein könnten?

Fragen und/oder Aufträge zu relevanten Themengebieten:
Welche Themengebiete fallen Dir ein?

Welche Fragen würdest Du hier stellen?

Fragen und/oder Aufträge für den Professional / Hilfeleister:
Welche Hypothesen könntest Du zu diesem Kasus stellen?

Wie wäre Dein methodisches Vorgehen?

AnSICHTssache:
Du kannst auf die Fragen aus unterschiedlichen Blickwinkeln schauen:
Aus welchen Blickwinkeln würdest Du diesen Fall gerne betrachten? (Vergiss hier die Lehrer nicht!)

Was denkst Du über die Entscheidungen die hier getroffen werden?

Übungsmöglichkeiten für Gespräche:
Führt eine Diskussion über einen Schulwechsel. Bildet eine Pro- und eine Contra – Seite! Was spricht für und was gegen einen Schulwechsel? Bereitet dies gut vor!

Kasus 11: Allzeit zuständig?

Im gemeindlichen Jugendzentrum ist gerade in den Ferienzeiten Hochkonjunktur. Gerade in den Ferienzeiten suchen Kinder und Jugendliche eine Beschäftigung. Alle Angestellten haben in dieser Zeit Urlaubssperre. Es gibt unterschiedlichste Angebote, die Spaß und Ferienstimmung verbreiten sollen.

Im ganzen Jahr bilden die Weihnachtsferien eine Ausnahme. Eine Ausnahme in dem Sinne, dass der Tag vor dem Heiligen Abend der letzte Öffnungstag ist. Hier gibt es jedes Jahr ein Weihnachtsdinner, das die Angestellten der Einrichtung vorbereiten. Die Jugendlichen sind geladen, müssen sich hierfür anmelden. Festliche Kleidung ist erwünscht. Viele Jugendliche kennen ein solches Ritual in ihrer Familie nicht, da sie auch wissen, dass im Anschluss eine kleine Bescherung stattfindet, bei der jeder Gast ein kleines Geschenk bekommt. Für einige wird es das einzige Geschenk sein.

Nach dem Festmahl schließt das Jugendzentrum und öffnet erst wieder nach den Feiertagen. In diesem Jahr ist der letzte Tag ein Freitag und der Heilige Abend ist erst der Montag. Somit hat das Jugendzentrum fünf Tage hintereinander zu.

Am Sonntagabend bekommt die Leitung von ihrem direkten Vorgesetzten zuhause einen Anruf. Es gab in der Nacht von Samstag auf Sonntag Randale im Örtchen. Mülltonnen wurden um getreten, Wände beschmiert und am Marktplatz wurde ein Spritze von einer Kommunalpolitikerin gefunden.

Direkt nach Weihnachten sind alle Angestellten aus diesem Grund beim Bürgermeister vorgeladen, da eine Abmahnung ausgesprochen werden soll, dass das Jugendzentrum in ihren Augen einfach so geschlossen hatte und dieser Vorfall doch hätte verhindert werden können. Die Angestellten haben wie jedes Jahr einen Urlaubsantrag eingereicht und die Schließung war mit dem direkten Vorgesetzten abgesprochen. Ein ganz normaler Vorgang. Das Jugendzentrum ist dem Ordnungs – und Sozialamt der Gemeindeverwaltung untergeordnet, dessen Leiter der Vorgesetzte der Angestellten der Einrichtung ist. Nach Weihnachten mussten alle beim Bürgermeister antreten. Dieser war sehr aufgebracht. Die ebenfalls geladene Fachberatung konnte den Bürgermeister überzeugen keine Abmahnung auszusprechen mit der Absprache, dass in Zukunft der 2. Weihnachtstag zukünftig geöffnet sein muss. – In den Folgejahren war nie ein Jugendlicher am 2. Weihnachtstag anwesend.

? Nutze die ersten Schritte des Lesezeichens! Ergänze sie mit eigenen Fragen auf der Rückseite, wie z.B.: Was sind die wichtigsten Erkenntnisse, die ich aus dem ersten Lesen ziehe? Was finde ich selbst? Was macht es mit mir? Welche Fragen würde ich dem Klienten noch stellen?

Allgemein - Wissen:
Was ist eine Abmahnung im öffentlichen Dienst?

Fragen und/oder Aufträge zu relevanten Themengebieten:
Welche Konsequenzen hätte eine Abmahnung für die Mitarbeiter?

Fragen und/oder Aufträge für den Professional / Hilfeleister:
Analysiere den Kasus. Was sind die Fakten?

AnSICHTssache:
Was ist Deine persönliche Meinung zu den Geschehnissen, ohne lange nach-zudenken?

Wer hat Fehler gemacht?

Sind die Mitarbeiter für die Geschehnisse verantwortlich, eben allzeit zu-ständig?

Was ist nach der Bearbeitung Deine fachliche Meinung zu den Gescheh-nissen?

Gibt es eine Möglichkeit für Alternativen in Bezug auf die Öffnungstage und den Umgang hiermit?

Übungsmöglichkeiten für Gespräche:
Simuliert das Gespräch. Wie würdest Du als Mitarbeiter reagieren?

Besprecht nach, ob dies ein gutes Gespräch war?

Kasus 12: Ein neues Jugendzentrum

Das Jugendzentrum ist seit seinem Bestehen in einem kirchlichen Gebäude untergebracht. Gegenüber ist der kirchliche Kindergarten und im Jugendzentrumsgebäude ist auch der Alten – und Mittagstreff untergebracht. Direkt nebenan ist ein großes Behindertenwohnheim.

Immer wieder gibt es Konflikte wegen Lautstärke und dem Wild sein der Kinder und Jugendlichen. Da die Besucherzahlen immer wieder steigen, reicht das Gebäude auch nicht mehr. Des Weiteren ist es nicht wirklich geeignet, da die Räumlichkeiten über drei Ebenen verteilt sind und für die Angestellten schwer zu beaufsichtigen.

Durch eine Kooperation zwischen katholischer und evangelischer Kirche, der Gemeinde und der Kreisverwaltung wird ein anderes altes Gebäude etwas außerhalb der Ortschaft gekauft und ein Umbau angestrebt bei dem die Kinder und Jugendlichen einbezogen werden sollen, damit sie die Möglichkeit haben sich von Anfang an mit dem neuen Gebäude zu identifizieren.

Bevor die Planung mit dem Architekten losgeht, wird ein Planungswochenende geplant. Hierzu wird eine alte Mühle angemietet, in der die Jugendlichen und die Angestellten ein Wochenende verbringen wollen, um die neue Einrichtung zu planen und zu konzipieren.

45 Jugendliche melden sich an. Es fahren sehr viele Paare mit.

Es gibt Arbeitseinheiten, in denen es um die Raumaufteilung und Arbeitsplanung geht. Was möchten die Jugendlichen und was können sie selber? Wie soll das zukünftige Angebot aussehen? Welche Regeln sollen bestehen? Wie werden die Jüngeren beteiligt? Mit unterschiedlichen Arbeitsgruppen und anschließenden Präsentationen und darauf folgenden Diskussionsrunden wechseln sich Arbeitseinheiten und Freizeit ab. Der erste Abend wird eingeläutet. Lustige Spiele und Musik gestalten den Abend. Die Betten sind in dieser Übernachtungsmöglichkeit eine kleine Attraktion. Es sind Hochbetten auf dessen Ebenen sogar 3 Menschen Platz haben. Was die Betreuer, die Angestellten der Einrichtung nicht ahnen konnten, dass nach Bekanntgabe von: „Im rechten Zimmer schlafen die Mädchen, im linken Zimmer die Jungen und die Betreuer im Mühlenhauptraum", direkt die Frage folgte: „Können die Paare nicht in einem Bett schlafen?" Was nach dieser Frage klar war: Erlauben die Betreuer dies nicht, wird dies eine unruhige Nacht....

? Nutze die ersten Schritte des Lesezeichens! Ergänze sie mit eigenen Fragen auf der Rückseite, wie z.B.: Was sind die wichtigsten Erkenntnisse, die ich aus dem ersten Lesen ziehe? Was finde ich selbst? Was macht es mit mir? Welche Fragen würde ich dem Klienten noch stellen?

Allgemein - Wissen:

Kennst Du das KJHG?

Was ist das?

Was ist Gruppendynamik?

Was ist eine Konzeption?

Was sind Regeln?

Was sind Werte und Normen?

Was ist Evaluation?

Fragen und/oder Aufträge zu relevanten Themengebieten:

Findest Du im KJHG eine Begründung die Beteiligung am Umbauverfahren des Jugendzentrums rechtfertigt? Suche die entsprechende Stelle und zitiere sie!

Was können mögliche Konflikte sein, die unter den unterschiedlichen Zielgruppen entstehen? Einige sind benannt. Kannst Du Dir noch mehr vorstellen?

Fragen und/oder Aufträge für den Professional / Hilfeleister:

Wie würdest Du ein solches Planungswochenende organisieren? Welche Kosten würdest Du veranschlagen? Welche Regeln aufstellen? Dies kannst Du auch gemeinsam mit Mitstudenten planen.

Was wäre Dir wichtig, wenn Du dies Wochenende inhaltlich vorbereitest, damit ihr gemeinsam Ziele erreichen könnt? Wie sähen die Ziele aus? Was wollt ihr inhaltlich und gruppendynamisch erreichen?

Welche Spiele würdest Du vorbereiten? Welche Aktionen?

Wie gehst Du mit den Themen Regeln, Werte und Normen um?

Wie sorgst Du dafür, dass die gruppendynamischen Effekte weiterhin bestanden haben?

Wie kontrollierst du, ob Deine gesetzten Ziele erreicht wurden?

Nimmst Du eine dialogisierende Haltung ein?

Welche Theorien und Methoden sind hierbei wichtig?

Plane mit Hilfe eines methodischen Zyklus!

AnSICHTssache:

Nun der Kasus endet mit der Frage: „Können die Paare nicht in einem Bett schlafen?" Was nach dieser Frage klar war: Erlauben die Betreuer dies nicht, wird dies eine unruhige Nacht….

Wie würdest Du entschieden?

Du kannst auf die Fragen aus unterschiedlichen Blickwinkeln schauen:

Begründe das Vorgehen aus der Lebensweltperspektive.

Was ist mit den anderen Zielgruppen? Hättest Du diese beteiligt? Begründe!

Übungsmöglichkeiten für Gespräche:

Simuliert eine Diskussion zum Thema: Die Paare schlafen zusammen – die Paare schlafen nicht zusammen.

Kasus 13: Der Umbau

Endlich ist es so weit. Nach dem alle Kleidergrößen für Bauarbeiteranzüge aufgeschrieben wurden und die Köpfe für entsprechende Helme vermessen wurden, kommen große Pakete mit der Schutzkleidung an. Am ersten Tag des Umbaus treffen sich alle, um beim Entkernen des Gebäudes mit anzupacken. Auch der Bürgermeister kommt. Pressetermin. Die Jugendlichen ziehen sich um.

Der Bürgermeister zieht nur einen Helm auf, wie auch andere Politiker und alle bleiben sonst in ihren Anzügen. Jeder von ihnen nimmt einen großen Vorschlaghammer, die Jugendlichen gesellen sich dazu und der Blitzhagel der Fotografen geht los. Alle lachen und albern herum. Als die Presse sich verzogen hat, legen die Politiker ihre Helme ab und die Hammer hin und verschwinden ohne große Worte. Die Jugendlichen sind entsetzt.
Viel Lust zum Arbeiten haben sie nicht mehr. Die Betreuer, die sich bisher zurück gehalten haben, kommen in Arbeitsmontur dazu und sagen in die Stille: „Los geht's Männer – packen wir es an!" Mit großen Einsatz und Getöse fallen Wände, zerdeppern Waschbecken und Toiletten.

? Nutze die ersten Schritte des Lesezeichens! Ergänze sie mit eigenen Fragen auf der Rückseite, wie z.B.: Was sind die wichtigsten Erkenntnisse, die ich aus dem ersten Lesen ziehe? Was finde ich selbst? Was macht es mit mir? Welche Fragen würde ich dem Klienten noch stellen?

? **Fragen und/oder Aufträge für den Professional / Hilfeleister:**
Warum schwankt die Stimmung? Erkläre!

Wie wichtig ist das Thema Politik in der Sozialen Arbeit?

Gibt es hier überhaupt einen Zusammenhang? Mach Dich auf die Suche.
Was findest Du heraus?

Tausche Dich hierüber mit Anderen Professionals aus!

AnSICHTssache:

Wie denkst Du über das Handeln der Politiker?

Übungsmöglichkeiten für Gespräche:

Die Jugendlichen laden die Politiker zu einem Gespräch ein. Sie wollen das so nicht auf sich sitzen lassen, denn schließlich wird durch sie ja auch viel Geld gespart. Sie fühlen sich nach wie vor nicht gut, wie dieser Pressetermin ausgegangen ist. Simuliert das Gespräch.

Kasus 14: Für was werden wir eigentlich bezahlt?

Nach den langen Umbaumaßnahmen und Phasen der Nichtbeteiligungs-
möglichkeiten der Jugendlichen kommt nun die Anstreichphase, die in Eigenleistung mit den Jugendlichen gestaltet werden soll. Es sind viele große
Räume mit hohen Decken. Es muss mit Hilfe von Gerüsten gearbeitet werden. Von Arbeitstag zu Arbeitstag werden es weniger Helfer. Trotz gemeinsamen kostenlosen Pizzaessen und Getränken, kann sich kaum noch jemand
aufraffen. Die Betreuer werden auch immer frustrierter. Zum Schluss rollen
sie alleine mit den Gerüsten durch den Raum und bei ihnen kommt die
Frage auf: „Gehört das jetzt noch zu unserem Job?"
Nach langen Diskussionen mit Vorgesetzten und Bürgermeister übernehmen die letzten Aufgaben die Angestellten des Bauhofes.

? Nutze die ersten Schritte des Lesezeichens! Ergänze sie mit eigenen Fragen
auf der Rückseite, wie z.B.: Was sind die wichtigsten Erkenntnisse, die ich
aus dem ersten Lesen ziehe? Was finde ich selbst? Was macht es mit mir?
Welche Fragen würde ich dem Klienten noch stellen?

Allgemein - Wissen:

Was sind die Aufgaben eines Social Workers?

AnSICHTssache:

Gehört Anstreichen zum Job eines Social Workers? Begründe!

Übungsmöglichkeiten für Gespräche:

Wie hättest Du Dich in einer Leitungsfunktion an die Gemeinde gewannt? Übe das Gespräch! Ziel ist es zu erreichen, dass die Malerarbeiten von jemand anderem übernommen werden.

Kasus 15: Was muss ich mir als Betreuer gefallen lassen?

Der neue Zivildienstleistende der Einrichtung ist ein sehr attraktiver Mann Mitte Zwanzig. Die Besucherinnen der Einrichtung drehen fast durch. Sie gibbeln, flüstern, lachen übertrieben und schleichen um ihn herum. Sie schmachten und machen ihn an. Einige flitzen zwischendurch nach Hause und ziehen sich um und tauchen mit immer freizügigerer Kleidung wieder auf. Der Zivildienstleistende wird immer verlegener und weiß nicht mehr, wie er reagieren soll. Die Mädchen werden immer mutiger. Dies läuft nun schon einige Tage. Es passiert die Krönung: Ein Mädchen packt ihn an den Po und sagt: „Echt knackig, bekomme ich noch mehr von dir?" Er beschließt, ich höre auf! Durch gutes Zureden der Leitung, gehen sie die Sache an.

? Nutze die ersten Schritte des Lesezeichens! Ergänze sie mit eigenen Fragen auf der Rückseite, wie z.B.: Was sind die wichtigsten Erkenntnisse, die ich aus dem ersten Lesen ziehe? Was finde ich selbst? Was macht es mit mir? Welche Fragen würde ich dem Klienten noch stellen?

Allgemein - Wissen:
Was ist ein Zivildienstleistender (heute Bufdi)?

Was ist ein Übergriff?
Schaue auch in das Strafgesetzbuch.

Was ist Selbstbehauptung?

Was ist Selbstverteidigung?

Fragen und/oder Aufträge für den Professional / Hilfeleister:
Ist das Verhalten der Mädchen „normal"?

Was hättest Du in dieser Situation gemacht? Wie hättest Du Dich verhalten?

AnSICHTssache:

Wie würdest Du den Fall einschätzen?

Macht der Zivildienstleistende etwas falsch? Begründe.

Wie würdest Du als Kollege mit dieser Situation umgehen?

Wie würdest Du als Leitung hiermit umgehen?

Würde sich etwas ändern, wenn es ein ausgebildeter Mitarbeiter wäre?

Darf sich ein Mitarbeiter zur Wehr setzen?

Wann darf sich ein Professional verteidigen?

Muss er sich dies gefallen lassen?

Übungsmöglichkeiten für Gespräche:
Diskutiert über oben gestellte Fragen.
Übt die Szene im Rollenspiel. Wie könnt ihr adäquat mit dem Verhalten der Jugendlichen umgehen?
Thematisiert das Verhalten in einem Gespräch mit den Jugendlichen. Wie würdet ihr dies vorbereiten? Wie sähe dies aus? Übung macht den Meister!

$\mathcal{K}$asus 16: Lesbenschlägerei

Seit einigen Wochen besuchen zwei Mädchen die Einrichtung. Die eine 15 Jahre und die andere 17 Jahre alt. Sie scheinen etwas füreinander zu empfinden. Es dauert einige Wochen und die beiden sind ein Paar. Sie kuscheln und knutschen in der Einrichtung. Eines Tages gehen sie nicht gleichzeitig nach Hause. Sie verabschieden sich voneinander. Die Andere bleibt bis die Einrichtung schließt und fragt, ob der Betreuer sie auf dem Weg zuhause absetzt. Er bringt sie nach Hause. Am nächsten Tag ist in der Einrichtung plötzlich lautes Geschrei zu hören. Die beiden Mädchen keifen sich an, schlagen sich. Als der Betreuer sich einmischen will, droht ihm das eine Mädchen: „Lass die Finger von meiner Freundin!" Der Betreuer ist völlig irritiert. Seine Chefin greift ein und es kehrt wieder Ruhe ein.

? Nutze die ersten Schritte des Lesezeichens! Ergänze sie mit eigenen Fragen auf der Rückseite, wie z.B.: Was sind die wichtigsten Erkenntnisse, die ich aus dem ersten Lesen ziehe? Was finde ich selbst? Was macht es mit mir? Welche Fragen würde ich dem Klienten noch stellen?

Allgemein - Wissen:

Was ist Heterosexualität?

Was ist Homosexualität?

Was ist schwul?

Was ist lesbisch?

Was ist Eifersucht?

AnSICHTssache:

Darf ein Betreuer einen Jugendlichen nach Hause bringen?

Hat der Betreuer sich strafbar gemacht?

Hätte die Leiterin eingreifen dürfen? Begründe!

Wie hättest Du in der Situation reagiert?

Was macht diese Situation mit dir? Erläutere.

Übungsmöglichkeiten für Gespräche:
Übt die Situation in einem Rollenspiel.
Simuliert eine Teambesprechung/Fallbesprechung. Wie würde diese verlaufen?

Kasus 17: Ein Fitnessraum für die Jugendeinrichtung

Die Kommunalwahlen stehen vor der Tür. Die Politiker werben auch für die Jugendarbeit und probieren junge Wähler zu werben. Sie machen den Jugendlichen Hoffnungen, dass ihre Wünsche, die sie für das Jugendzentrum haben in Erfüllung gehen könnten. So keimt der Wunsch eines Fitnessraumes im Dachgeschoss der Einrichtung. Ein Spender für ein großes Fitnessgerät ist schnell gefunden. Die Politiker empfehlen den Jugendlichen Unterschriften zu sammeln, um ihr Begehren deutlich zu machen. Die Betreuer in der Einrichtung sollen eine Konzeption für den neuen Raum schreiben und eine Planung für den Umbau in Eigenleistung. Alle sind sehr euphorisch und arbeiten hart.

In der nächsten Jugend – und Sportausschusssitzung steht der Punkt auf der Tagesordnung. Die Jugendlichen dürfen immer an dieser Sitzung teilnehmen. Sie haben ein Sprachrecht zu Beginn und am Ende einer jeden Sitzung. Bei diesem Mal machen sie regen Gebrauch davon. Sie reichen die Unterschriftenliste mit über hundert Unterschriften ein und äußern wie besprochen ihren Wunsch. Beim entsprechenden Tagesordnungspunkt wird das Konzept und sämtliche Planungen des Projektes durch die Betreuer vorgestellt.

Der Bürgermeister erhebt das Wort und zeigt mit dem Zeigefinger auf die im Raum anwesenden Jugendlichen und sagt sehr laut und bestimmend: „Mit diesen Jugendlichen da, klappt das sowieso nicht! Das Geld können wir uns sparen." Der Antrag wird vom Tisch gefegt. Die Jugendlichen sind sehr sehr enttäuscht. Alle wollen nicht an den bevorstehenden Wahlen teilnehmen.

?

Nutze die ersten Schritte des Lesezeichens! Ergänze sie mit eigenen Fragen auf der Rückseite, wie z.B.: Was sind die wichtigsten Erkenntnisse, die ich aus dem ersten Lesen ziehe? Was finde ich selbst? Was macht es mit mir? Welche Fragen würde ich dem Klienten noch stellen?

Analysiere den Kasus!

Allgemein - Wissen:

Was sind für Dich relevante Begriffe die Du Dir erklären möchtest oder bei denen Du sicher gehen möchtest, dass Du die richtige Bedeutung kennst?

Stelle Dir Fragen und/oder Aufträge zu relevanten Themengebieten!

Was wären Fragen und/oder Aufträge für Dich als Professional / Hilfeleister:

Welche AnSICHTssache und oder Diskussionsthemen ergeben sich aus dem Kasus?

Aus welchen unterschiedlichen Blickwinkeln willst Du auf den Kasus schauen, welche Positionen willst Du hier einnehmen:

Welche Übungsmöglichkeiten siehst Du für Gespräche:

Kasus 18: Jeder Junge ist gut fürs Bett

Marie ist schon seit einigen Monaten Besucherin des Jugendzentrums. Sie ist ein aufgewecktes 15 jähriges fröhliches Mädchen. Seit drei Wochen ist sie total verändert. Sie fängt mit einem Jungen eine Freundschaft an und lässt es schnell zu einer „Bettsituation" kommen und serviert die Jungen danach ab. Justin ist ziemlich fertig, als er mir berichtet, wie alles gewesen ist. „Sie hat mir erzählt, sie hätte sich total in mich verliebt und dass ich genau ihr Typ bin. Ich fand sie schon lange toll, habe mich nie getraut etwas zu sagen. Ich war so froh. Als wir dann zusammen waren, hat sie sich total an mich ran geschmissen, ich wusste, dass sie mit mir Sex wollte, das fand ich total komisch. Ich fand es ging alles ziemlich schnell und ich wollte das eigentlich so schnell nicht. Als wir dann bei mir zuhause waren und meine Eltern wegfuhren, kuschelten wir und sie war so schnell mit der Hand in meiner Hose, so schnell konnte ich gar nicht gucken. Dann ging alles sehr schnell. Wir haben miteinander geschlafen. Sie wollte es sogar ohne Kondom, darauf habe ich mich nicht eingelassen. Am nächsten Tag machte sie Schluss, das mit uns würde nichts bringen, sagte sie und jetzt macht sie Marvin an. Ich verstehe das alles nicht, was habe ich nur falsch gemacht?"
Die Betreuerin redet noch lange mit Justin und probiert ihm neuen Mut zu geben.
Zwei Tage später ergibt sich eine Gesprächssituation mit Marie. Da das Gespräch mit Justin natürlich vertraulich war, steigt die Betreuerin ganz belanglos ein. Sie fragt, wie es so geht und ganz locker was das Liebesleben so macht. Marie lacht auf und sagt mit einem Unterton: „Liebes-

leben, was heißt schon Liebe, jeder Junge ist gut fürs Bett. Ich brauche nur regelmäßig Sex, was soll ich dann noch mit den Jungs, der Nächste ist das nächste Abenteuer, manchmal lohnt sich auch zwei Mal Sex, aber spätestens dann reicht's!"

? Nutze die ersten Schritte des Lesezeichens! Ergänze sie mit eigenen Fragen auf der Rückseite, wie z.B.: Was sind die wichtigsten Erkenntnisse, die ich aus dem ersten Lesen ziehe? Was finde ich selbst? Was macht es mit mir? Welche Fragen würde ich dem Klienten noch stellen?

Allgemein - Wissen:
Was ist Sexualität?

Wie entwickelt sich Sexualität?

Was ist Sex?

Was ist Verhütung?

Was ist Beziehung?

Was ist Freundschaft?

Was ist Partnerschaft?

Was ist Vertrauen?

Was ist „Vertrauen" in der sozialen Arbeit?

Fragen und/oder Aufträge zu relevanten Themengebieten:
Ist das Verhalten von Marie abnormal?

Wie würdest Du auf Basis der Gesprächsinhalte die Beziehung zwischen Jugendlichen und Hilfeleister/ Begleiter beschreiben?

Wie gestaltest Du die Beziehung zwischen Dir und Deinen Klienten? Was ist Dir wichtig?

Welche Hypothesen kannst Du bzgl. des Verhaltens von Marie aufstellen?

Welches Problem würdest vorweg beschreiben?

Wie sähe für Dich methodisches Handeln aus, wenn Du als Begleiter für Marie zuständig wärst? Was würdest Du planen?

Wie gehst Du bei Justin „vor"? Was planst Du mit/ für ihn?

Was machst Du mit der Beziehung, die im Moment mit Marvin läuft?

Wie lässt Du das Thema Verhütung einfließen?

AnSICHTssache:

Was hältst Du von dem Verhalten von Marie?

Was ist Deine Vermutung aus dem Bauch heraus, die hinter diesem Verhalten steckt?

Würdest Du die Eltern einschalten?

Übungsmöglichkeiten für Gespräche:

Wie würdest Du Gespräche mit den Beteiligten fachtheoretisch gut unterbaut vorbereiten? Übe mit anderen Professionals! Tauscht euch aus.

Kasus 19: Er zog mich vom Fahrrad

Im Rahmen meiner Arbeit als Gewaltpräventionstrainerin, biete ich auch Selbstverteidigungs- und Selbstbehauptungstrainings für Mädchen und Frauen an. Auch im Jugendzentrum fand ein solcher Kurs statt. Deborah, eine 14jährige Teilnehmerin, war mit Leib und Seele dabei. Sie genoss es die Spiele und Übungen zu machen und war mit Eifer dabei. Sie wuchs von Mal zu mal über sich hinaus.

Drei Wochen nach dem Kurs war sie mit dem Rad am späten Abend auf dem Rückweg von ihrem Freund nach Hause. Sie war schon ungefähr drei Kilometer ihres 9 km Weges gefahren, als ihr an einer Fahrschule ein Auto mit ausländischem Kennzeichen auffiel. Als sie vorbei gefahren war, startete es den Motor und fuhr los, holte sie ein und fuhr sehr langsam an ihr vorbei, gab dann Gas und fuhr davon. Sie fuhr weiter auf dem Radweg an der an sich sehr befahrenen Hauptstraße. Da es schon später am Abend war, kam alle paar Minuten ein Wagen vorbei. Ungefähr nach weiteren 2 Kilometern kam sie an einer Gärtnerei vorbei. Auf einmal riss sie jemand vom Rad, dieses fiel zu Boden und ein recht starker Mann probierte sie in Richtung seines Autos zu zerren, dessen Kofferraum offen stand. Sie erkannte den Wagen wieder, der sie vorher langsam überholt hatte. Sie schrie und trat so wild, dass sie dem Mann aus den Fingern glitt. Sie rannte auf die Fahrbahn und hielt das nächste Auto an, dessen Fahrerin die Polizei anrief. Der Mann flüchtete mit seinem Wagen.

Deborah musste zu Untersuchungen ins Krankenhaus und eine Aussage bei der Polizei aufnehmen lassen. Der Mann wurde nie gefasst. Deborah hat seit dem Alpträume und will nicht mehr alleine nach Hause fahren oder alleine zuhause bleiben. Sie sagt mir immer wieder: „ Dein Training hat gar nichts gebracht, mir ist es ja trotzdem passiert!"

? Nutze die ersten Schritte des Lesezeichens! Ergänze sie mit eigenen Fragen auf der Rückseite, wie z.B.: Was sind die wichtigsten Erkenntnisse, die ich aus dem ersten Lesen ziehe? Was finde ich selbst? Was macht es mit mir? Welche Fragen würde ich dem Klienten noch stellen?

Analysiere den Kasus!

Allgemein - Wissen:
Was sind für Dich relevante Begriffe die Du Dir erklären möchtest oder bei denen Du sicher gehen möchtest, dass Du die richtige Bedeutung kennst?

Stelle Dir Fragen und/oder Aufträge zu relevanten Themengebieten!

Was wären Fragen und/oder Aufträge für Dich als Professional / Hilfeleister:

Welche AnSICHTssache und oder Diskussionsthemen ergeben sich aus dem Kasus?

Aus welchen unterschiedlichen Blickwinkeln willst Du auf den Kasus schauen, welche Positionen willst Du hier einnehmen:

Welche Übungsmöglichkeiten siehst Du für Gespräche:

Kasus 20: Kontakt aufnehmen

Bei einem Kurs den ich an einer Förderschule mit dem Schwerpunkt Lernen für eine Mädchengruppe der Abschlussklassen gab, habe ich eine besondere Erfahrung gemacht. Ich lernte dort eine Mädchengruppe von Mädchen mit ihrer begleitenden Lehrerin kennen. Diese war sehr besorgt um ihre Mädchen, und da nicht gut einzuschätzen war, wie die Mädchen auf den Kursus reagieren, war die Lehrerin die ganze Zeit über hinten im Raum anwesend.

Bei den Vorgesprächen erfuhr ich, dass der Kurs etwas langsamer gestaltet werden muss, genauer und langsamer Dinge erklärt werden müssen und dass Mädchen dabei sind die wenig bis keinen Kontakt mit anderen aufnehmen. Ich konnte nicht gut einschätzen, was dies konkret für mich als Kursleiterin bedeuten würde, da ich bisher nur mit Menschen ohne „Einschränkungen" gearbeitet hatte. Ein Mädchen Sammy (17 Jahre) war mit in der Gruppe. Sie fiel mir sofort auf, da sie die ganze Zeit auf den Boden blickte. Auch bei der Begrüßung nahm sie keinerlei Kontakt mit mir auf.

Die Mädchengruppe und ich trafen uns nun 10 x jeweils 3 Schulstunden, um miteinander zu arbeiten. Wir hatten sehr viel Spaß miteinander. Sammy nahm ich so wie sie war, bezog sie mit ein, auch wenn ich von ihr keinerlei Reaktion bekam. Ich sprach mit ihr, was nicht einfach war bspw. wenn Antworten ausblieben. Bei vielen Dingen die wir taten, blieb sie einfach auf dem Stuhl sitzen. Ich fragte sie, wenn etwas Neues kam immer, ob sie die heimliche Beobachterin sein wollte und wenn sie etwas sehen würde, was für uns alle zum Lernen wichtig sei, dürfte sie es melden. – Keine Reaktion.

Beim vorletzten Treffen machten wir Partnerübungen. Ich stellte mich neben sie, da sie ihre Partnerin nicht ansah und wollte einspringen falls die Übung nicht funktionierte und wollte ihrer Partnerin die Teilnahme dennoch ermöglichen. Ich nahm wieder normal das Gespräch auf wie immer. Auf einmal ging ein zucken durch den Körper von Sammy und sie hob den Kopf, schaute mich an und lächelte. Ich sagte: „Hey Sammy, schön das Du da bist!"
Im Hintergrund sah ich, wie die Lehrerin zu weinen begann.

? Nutze die ersten Schritte des Lesezeichens! Ergänze sie mit eigenen Fragen auf der Rückseite, wie z.B.: Was sind die wichtigsten Erkenntnisse, die ich aus dem ersten Lesen ziehe? Was finde ich selbst? Was macht es mit mir? Welche Fragen würde ich dem Klienten noch stellen?

Analysiere den Kasus!

Allgemein - Wissen:

Was sind für Dich relevante Begriffe die Du Dir erklären möchtest oder bei denen Du sicher gehen möchtest, dass Du die richtige Bedeutung kennst?

Stelle Dir Fragen und/oder Aufträge zu relevanten Themengebieten!

Was wären Fragen und/oder Aufträge für Dich als Professional / Hilfeleister:

Welche AnSICHTssache und oder Diskussionsthemen ergeben sich aus dem Kasus?

Aus welchen unterschiedlichen Blickwinkeln willst Du auf den Kasus schauen, welche Positionen willst Du hier einnehmen:

Welche Übungsmöglichkeiten siehst Du für Gespräche:

Kasus 21: Spannung

Spannung (1)

Die Jugendeinrichtung in der ich 14 Jahre lang als Leitung tätig war, machten einige schwere Zeiten durch.

Jugendliche mit den unterschiedlichsten kulturellen Hintergründen gehörten zu unseren Besuchern. So auch eine Gruppe von jungen russlanddeutschen Aussiedlern. Wenn jemand in unsere Einrichtung kam, der nicht zu den gewohnten Besuchern gehörte, fielen sie dadurch auf, dass sie in einer Gruppe zusammen standen oder hockten und laut Russisch redeten. Dies konnten die Angestellten der Einrichtung nicht verstehen.

Wir akzeptierten ihr Dasein und gesellten uns oft dazu. Sie redeten dann fast immer Deutsch. Nur bei Themen, die wir nicht hören sollten, sprachen sie Russisch. Oftmals bekamen wir mit, dass sie bekifft oder nach einem Drogenkonsum in die Einrichtung kamen. Sie waren dann müde, hatten rote Augen und/oder hatten einen entsprechenden Geruch an sich. In der Einrichtung war der Konsum verboten. Einen Zugang zu diesem Thema bekamen wir bei ihnen nicht. Heute denke ich, wir haben irgendwann den Zeitpunkt verpasst. Da wir uns als Team Sorgen machten und die Gruppe von Jugendlichen sich nach der abendlichen Schließung des Jugendzentrum auf öffentlichen Plätzen traf und bekannt war, dass sie dort konsumierten und die Vermutung bestand auch Drogen verkauften, bekamen wir einen Streetworker.

Dieser sollte zeitweise im Jugendzentrum anwesend sein, die Treffpunkte aufsuchen und die Voraussetzung für den Job war als 1. oder 2. Sprache

Russisch zu sprechen. Es wurde ein junger Aussiedler eingestellt. Er war Mitte zwanzig und hatte in Russland auf Lehramt studiert. Er sprach sehr gut Deutsch und beherrschte natürlich die Russische Sprache, da er von dort hierhin übergesiedelt war. Wir besprachen mit ihm alles und er wurde entsprechend eingeteilt und eingesetzt. Regelmäßige Teamsitzungen, bei denen auch er anwesend sein sollte, wurden eingeplant, um gemeinsam Absprachen zu treffen und Erfahrungen auszutauschen. Es schien erst einmal alles gut zu verlaufen. Russische Kochabende wurden geplant, um noch ein mehr Zuhause- und Zugehörigkeitsgefühl entstehen zu lassen. Ansonsten hatte der neue Mitarbeiter guten Kontakt zu den Jugendlichen.

Nach einigen Wochen kam ich morgens ins Jugendzentrum und hatte das Gefühl, dass es nicht mehr so aussah wie ich es abends verlassen hatte. Dachte jedoch, dass ich vielleicht „spinne" und schob mein Gefühl zur Seite. Dann verschwand ein Receiver mitten aus dem Kaffeebereich, in dem immer mehrere Leute sind und keiner hatte etwas gesehen.

Wieder kurze Zeit später kam ich mittags zum Jugendzentrum. Ich hatte den Tag davor nicht gearbeitet, meine Kollegen waren da gewesen. Ich wurde echt böse als ich sah, dass die Blumen von innen draußen eingepflanzt waren.

Was ist da nur los gewesen? Haben die etwa den Laden nicht im Griff? Mein Kollege tauchte auf und er sagt mir, dass der Streetworker, wie immer am vorherigen Wochentag die letzte Stunde alleine in der Einrichtung war. Dieser versicherte mir, dass alles okay war als er wegging.

Wieder einen Tag später fing der junge Streetworker die erste Öffnungsstunde alleine an. Als ich um 15 Uhr die Einrichtung betrat, war diese leer, kein Jugendlicher war in Sicht. Das kam mir komisch vor. Ich öffnete die Tür zum Nebenraum und sah, wie der Streetworker mit den Russlanddeutschen im Raum, stand, zwei drinnen, zwei draußen und in aller Seelenruhe unseren Fernseher nach draußen durchs Fenster hoben.

? Nutze die ersten Schritte des Lesezeichens! Ergänze sie mit eigenen Fragen auf der Rückseite, wie z.B.: Was sind die wichtigsten Erkenntnisse, die ich aus dem ersten Lesen ziehe? Was finde ich selbst? Was macht es mit mir? Welche Fragen würde ich dem Klienten noch stellen?

Analysiere den Kasus!

Allgemein - Wissen:

Was sind für Dich relevante Begriffe die Du Dir erklären möchtest oder bei denen Du sicher gehen möchtest, dass Du die richtige Bedeutung kennst?

Stelle Dir Fragen und/oder Aufträge zu relevanten Themengebieten!

Was wären Fragen und/oder Aufträge für Dich als Professional / Hilfeleister:

Welche AnSICHTssache und oder Diskussionsthemen ergeben sich aus dem Kasus?

Aus welchen unterschiedlichen Blickwinkeln willst Du auf den Kasus schauen, welche Positionen willst Du hier einnehmen:

Welche Übungsmöglichkeiten siehst Du für Gespräche:

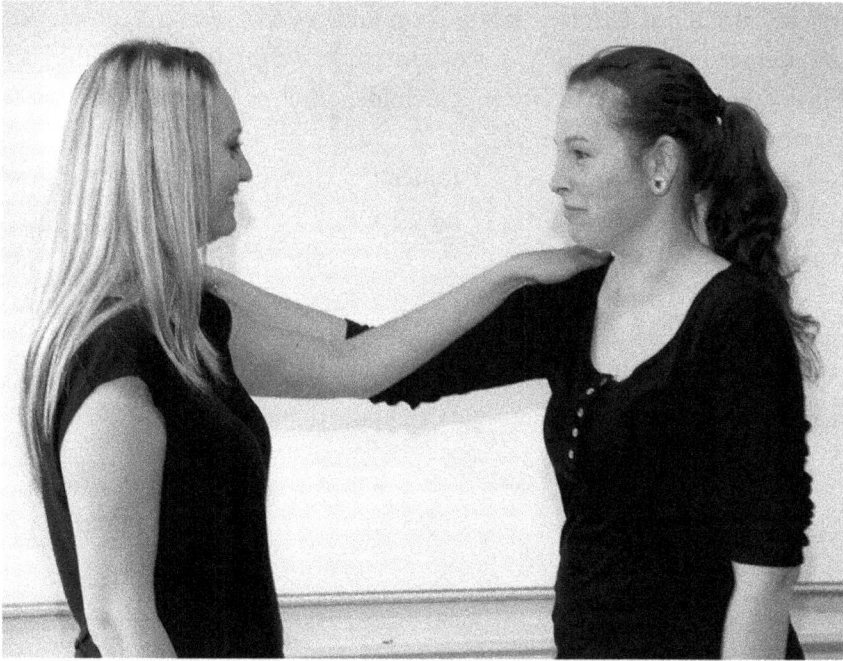

Kasus 21 Spannung (2)

Spannung (2)

Der Fernseher wurde zurückgesetzt. Die Polizei gerufen, eine Anzeige aufgenommen und der junge Kollege bekam eine Abmahnung und durfte bis
auf weiteres nicht mehr alleine Arbeiten. Nach einem Gespräch im Team
kam der Gedanke auf, dass die Jugendlichen einen Schlüssel zur Einrichtung haben könnten. Da wir in diesem Thema mit den Russlanddeutschen
unsicher waren, arbeiteten wir schon seit geraumer Zeit mit der Zivilfahndung zusammen.

Wir nahmen Kontakt mit ihnen auf und berichteten von den Vorfällen und
Entwicklungen. In den letzten Wochen war der Besucherstrom abgebrochen
und beinah nur noch diese Gruppe russlanddeutscher Jugendliche in der
Einrichtung. Wir berichteten auch davon, dass zwischendurch komische
Gestalten auftauchten, die man mit Drogenhändlern aus Krimis vergleichen
konnte, sie hatten Sonnenbrillen auf, klischeehafte Goldketten um den Hals
und waren immer nur kurz in der Einrichtung. Manchmal hatten sie Autos

mit ausländischen Kennzeichen und ein anderes Mal wieder deutsche aus unterschiedlichen Städten. Wir verabredeten, die Gruppe erst einmal in der Einrichtung zu lassen und Nummernschilder durch zu geben, damit sich ein Gesamtbild formen konnte.

Die Ermittlungen wurden aufgenommen.

Analysiere den Kasus!

? **Allgemein - Wissen:**

Was sind für Dich relevante Begriffe die Du Dir erklären möchtest oder bei denen Du sicher gehen möchtest, dass Du die richtige Bedeutung kennst?

Stelle Dir Fragen und/oder Aufträge zu relevanten Themengebieten!

Was wären Fragen und/oder Aufträge für Dich als Professional / Hilfeleister:

Welche AnSICHTssache und oder Diskussionsthemen ergeben sich aus dem Kasus?

Aus welchen unterschiedlichen Blickwinkeln willst Du auf den Kasus schauen, welche Positionen willst Du hier einnehmen:

Welche Übungsmöglichkeiten siehst Du für Gespräche:

Kasus 21: Spannung (3)

Spannung (2)

Der Fernseher wurde zurückgesetzt. Die Polizei gerufen eine Anzeige aufgenommen und der junge Kollege bekam eine Abmahnung und durfte bis auf weiteres nicht mehr alleine Arbeiten. Nach einem Gespräch im Team kam der Gedanke auf, dass die Jugendlichen einen Schlüssel zur Einrichtung haben könnten. Da wir in diesem Thema mit den Russlanddeutschen unsicher waren, arbeiteten wir schon seit geraumer Zeit mit der Zivilfahndung zusammen.

Wir nahmen Kontakt mit ihnen auf und berichteten von den Vorfällen und Entwicklungen. In den letzten Wochen war der Besucherstrom abgebrochen und beinah nur noch diese Gruppe russlanddeutscher Jugendliche in der Einrichtung. Wir berichteten auch davon, dass zwischendurch komische Gestalten auftauchten, die man mit Drogenhändlern aus Krimis vergleichen konnte, sie hatten Sonnenbrillen auf, klischeehafte Goldketten um den Hals und immer nur kurz in der Einrichtung. Manchmal hatten sie Autos mit ausländischen Kennzeichen und ein anderes Mal wieder deutsche aus unterschiedlichen Städten. Wir verabredeten, die Gruppe erst einmal in der Einrichtung zu lassen und Nummernschilder durch zu geben, damit sich ein Gesamtbild formen konnte.

Die Ermittlungen wurden aufgenommen.

Spannung (3)

Die Lage spitzte sich zu. Provokant wurden mittlerweile die Autotüren geöffnet und Waffen in den Seitenfächern präsentiert. Wir Kollegen machten nur noch zu dritt Dienst, da wir Angst hatten. Wir gaben fleißig Nummernschilder durch und berichteten von den Waffen. Nach der Schließung an einem Samstag um 23 Uhr, trafen sich mein Stellvertreter und ich als Leitung vor dem Rathaus. Wir hatten eine Verabredung vor dem Rathaus mit der Zivilfahndung und wussten natürlich nicht wie ihr Wagen aussah. Es war Winter, stockdunkel und ehrlich, wir hatten große Angst und waren froh nicht alleine zu sein. Wir parkten, machten das Licht aus. Ein Wagen stand uns gegenüber. Sollen wir aussteigen? Nein, wir warten noch ab. Keiner stieg aus. Auf einmal startete der Wagen und fuhr mit Vollgas und quietschenden Reifen los. Wir waren fertig und an sich brauchten wir beide schon eine Toilette. Ein Wagen fuhr vor, stellte sich ebenfalls und gegenüber, wartete kurz und fuhr auch wieder Weg. Der dritte Wagen kam, blendete auf, zwei Männer stiegen aus. Steigen wir aus? Okay, beide gleichzeitig, jetzt!

Es waren die Polizisten, wir kamen ins Gespräch, sie zeigten uns verschiedene Waffen. Nun als absolute Waffennieten konnten wir nur ungefähre Angaben machen, wie sie aussahen.

Unsere Wege trennten sich. Wir fuhren mit einem komischen Gefühl nach Hause.

Analysiere den Kasus!

? **Allgemein - Wissen:**

Was sind für Dich relevante Begriffe die Du Dir erklären möchtest oder bei denen Du sicher gehen möchtest, dass Du die richtige Bedeutung kennst?

Stelle Dir Fragen und/oder Aufträge zu relevanten Themengebieten!

Was wären Fragen und/oder Aufträge für Dich als Professional / Hilfeleister:

Welche AnSICHTssache und oder Diskussionsthemen ergeben sich aus dem Kasus?

Aus welchen unterschiedlichen Blickwinkeln willst Du auf den Kasus schauen, welche Positionen willst Du hier einnehmen:

Welche Übungsmöglichkeiten siehst Du für Gespräche:

Kasus 21: Spannung (4)

Spannung (2)

Der Fernseher wurde zurückgesetzt. Die Polizei gerufen, eine Anzeige aufgenommen und der junge Kollege bekam eine Abmahnung und durfte bis auf weiteres nicht mehr alleine Arbeiten. Nach einem Gespräch im Team kam der Gedanke auf, dass die Jugendlichen einen Schlüssel zur Einrichtung haben könnten. Da wir in diesem Thema mit den Russlanddeutschen unsicher waren, arbeiteten wir schon seit geraumer Zeit mit der Zivilfahndung zusammen.

Wir nahmen Kontakt mit ihnen auf und berichteten von den Vorfällen und Entwicklungen. In den letzten Wochen war der Besucherstrom abgebrochen und beinah nur noch diese Gruppe russlanddeutscher Jugendliche in der Einrichtung. Wir berichteten auch davon, dass zwischendurch komische Gestalten auftauchten, die man mit Drogenhändlern aus Krimis vergleichen konnte, sie hatten Sonnenbrillen auf, klischeehafte Goldketten um den Hals und immer nur kurz in der Einrichtung. Manchmal hatten sie Autos mit ausländischen Kennzeichen und ein anderes Mal wieder deutsche aus unterschiedlichen Städten. Wir verabredeten, die Gruppe erst einmal in der Einrichtung zu lassen und Nummernschilder durch zu geben, damit sich ein Gesamtbild formen konnte.

Die Ermittlungen wurden aufgenommen.

Spannung (3)

Die Lage spitzte sich zu. Provokant wurden mittlerweile die Autotüren geöffnet und Waffen in den Seitenfächern präsentiert. Wir Kollegen machten nur noch zu dritt Dienst, da wir Angst hatten. Wir gaben fleißig Nummernschilder durch und berichteten von den Waffen. Nach der Schließung an einem Samstag um 23 Uhr, trafen sich mein Stellvertreter und ich als Leitung vor dem Rathaus. Wir hatten eine Verabredung vor dem Rathaus mit der Zivilfahndung und wussten natürlich nicht wie ihr Wagen aussah. Es war Winter stockdunkel und ehrlich, wir hatten totale Angst und waren froh nicht alleine zu sein. Wir parkten, machten das Licht aus. Ein Wagen stand uns gegenüber. Sollen wir aussteigen? Nein, wir warten noch ab. Keiner stieg aus. Auf einmal startete der Wagen und fuhr mit Vollgas und quietschenden Reifen los. Wir waren fertig und an sich brauchten wir beide schon eine Toilette. Ein Wagen fuhr vor, stellte sich ebenfalls und gegenüber, wartete kurz und fuhr auch wieder Weg. Der dritte Wagen kam, blendete auf, zwei Männer stiegen aus. Steigen wir aus? Okay, beide gleichzeitig, jetzt!

Es waren die Polizisten, wir kamen ins Gespräch, sie zeigten und verschiedene Waffen. Nun als absolute Waffennieten konnten wir nur ungefähre Angaben machen, wie sie aussahen.

Unsere Wege trennten sich. Wir fuhren mit einem komischen Gefühl nach Hause.

Spannung (4)

Mitten in der Nacht, es war zwei Uhr morgens, ging das Telefon. Mein Mann ging ans Telefon und kam dann zu mir und sagte, Polizei. Nächtliche Ermittlungen hatten ergeben, dass in den frühen Morgenstunden ein Treffen im Jugendzentrum zwischen Drogendealern stattfinden sollte. Die Polizei wollte sich in der Einrichtung auf die Lauer legen und bat mich, den Schlüssel zum Polizeirevier zu bringen. Ich streifte mir einen Jogger über und fuhr los.

Auf dem Revier erfuhr ich, dass unsere Vermutung richtig war und sie wohl einen Nachschlüssel von dem Schlüssel des Streetworkers haben machen lassen. Beunruhigt fuhr ich nach Hause.

Analysiere den Kasus!

?

Allgemein - Wissen:

Was sind für Dich relevante Begriffe die Du Dir erklären möchtest oder bei denen Du sicher gehen möchtest, dass Du die richtige Bedeutung kennst?

Stelle Dir Fragen und/oder Aufträge zu relevanten Themengebieten!

Was wären Fragen und/oder Aufträge für Dich als Professional / Hilfeleister:

Welche AnSICHTssache und/oder Diskussionsthemen ergeben sich aus dem Kasus?

Aus welchen unterschiedlichen Blickwinkeln willst Du auf den Kasus schauen, welche Positionen willst Du hier einnehmen:

Welche Übungsmöglichkeiten siehst Du für Gespräche:

Kasus 21: Spannung (5)

Spannung (2)

Der Fernseher wurde zurückgesetzt. Die Polizei gerufen, eine Anzeige aufgenommen und der junge Kollege bekam eine Abmahnung und durfte bis auf weiteres nicht mehr alleine Arbeiten. Nach einem Gespräch im Team kam der Gedanke auf, dass die Jugendlichen einen Schlüssel zur Einrichtung haben könnten. Da wir in diesem Thema mit den Russlanddeutschen unsicher waren, arbeiteten wir schon seit geraumer Zeit mit der Zivilfahndung zusammen.

Wir nahmen Kontakt mit ihnen auf und berichteten von den Vorfällen und Entwicklungen. In den letzten Wochen war der Besucherstrom abgebrochen und beinah nur noch diese Gruppe russlanddeutscher Jugendliche in der Einrichtung. Wir berichteten auch davon, dass zwischendurch komische Gestalten auftauchten, die man mit Drogenhändlern aus Krimis vergleichen konnte, sie hatten Sonnenbrillen auf, klischeehafte Goldketten um den Hals und immer nur kurz in der Einrichtung. Manchmal hatten sie Autos mit ausländischen Kennzeichen und ein anderes Mal wieder deutsche aus unterschiedlichen Städten. Wir verabredeten, die Gruppe erst einmal in der Einrichtung zu lassen und Nummernschilder durch zu geben, damit sich ein Gesamtbild formen konnte.

Die Ermittlungen wurden aufgenommen.

Spannung (3)

Die Lage spitzte sich zu. Provokant wurden mittlerweile die Autotüren geöffnet und Waffen in den Seitenfächern präsentiert. Wir Kollegen machten nur noch zu dritt Dienst, da wir Angst hatten. Wir gaben fleißig Nummernschilder durch und berichteten von den Waffen. Nach der Schließung an einem Samstag um 23 Uhr, trafen sich mein Stellvertreter und ich als Leitung vor dem Rathaus. Wir hatten eine Verabredung vor dem Rathaus mit der Zivilfahndung und wussten natürlich nicht wie ihr Wagen aussah. Es war Winter stockdunkel und ehrlich, wir hatten totale Angst und waren froh nicht alleine zu sein. Wir parkten, machten das Licht aus. Ein Wagen stand uns gegenüber. Sollen wir aussteigen? Nein, wir warten noch ab. Keiner stieg aus. Auf einmal startete der Wagen und fuhr mit Vollgas und quietschenden Reifen los. Wir waren fertig und an sich brauchten wir beide schon eine Toilette. Ein Wagen fuhr vor, stellte sich ebenfalls und gegenüber, wartete kurz und fuhr auch wieder Weg. Der dritte Wagen kam, blendete auf, zwei Männer stiegen aus. Steigen wir aus? Okay, beide gleichzeitig, jetzt!

Es waren die Polizisten, wir kamen ins Gespräch, sie zeigten uns verschiedene Waffen. Nun als absolute Waffennieten konnten wir nur ungefähre Angaben machen, wie sie aussahen.

Unsere Wege trennten sich. Wir fuhren mit einem komischen Gefühl nach Hause.

Spannung (4)

Mitten in der Nacht, es war zwei Uhr morgens, ging das Telefon. Mein Mann ging ans Telefon und kam dann zu mir und sagte, Polizei. Nächtliche Ermittlungen hatten ergeben, dass in den frühen Morgenstunden ein Treffen im Jugendzentrum zwischen Drogendealern stattfinden sollte. Die Polizei wollte sich in der Einrichtung auf die Lauer legen und bat mich, den Schlüssel zum Polizeirevier zu bringen. Ich streifte mir einen Jogger über und fuhr los.

Auf dem Revier erfuhr ich, dass unsere Vermutung richtig war und sie wohl einen Nachschlüssel von dem Schlüssel des Streetworkers haben machen lassen. Beunruhigt fuhr ich nach Hause.

Spannung (5)

Der nächtliche Einsatz hatte einige Festnahmen gebracht von großen und kleineren Dealern. Als wir nach dem Wochenende die Einrichtung öffneten, hatten wir ein komisches Gefühl. Keine Besucher und ein völlig verunsichertes Team.

Analysiere den Kasus!

?

Allgemein - Wissen:

Was sind für Dich relevante Begriffe die Du Dir erklären möchtest oder bei denen Du sicher gehen möchtest, dass Du die richtige Bedeutung kennst?

Stelle Dir Fragen und/oder Aufträge zu relevanten Themengebieten!

Was wären Fragen und/oder Aufträge für Dich als Professional / Hilfeleister:

Welche AnSICHTssache und oder Diskussionsthemen ergeben sich aus dem Kasus?

Aus welchen unterschiedlichen Blickwinkeln willst Du auf den Kasus schauen, welche Positionen willst Du hier einnehmen:

Welche Übungsmöglichkeiten siehst Du für Gespräche:

Kasus 21: Spannung (6)

Spannung (6)

Alle Angestellten des Jugendzentrums wurden als Zeugen geladen. Wir konnten natürlich nur etwas zu den Vorkommnissen im Jugendzentrum etwas sagen. Da wir sehr aufgeregt waren, gingen wir gemeinsam nochmals die Geschehnisse durch. Ein Besucher unserer Einrichtung wurde schon längere Zeit gesucht und war wohl auch sehr gefährlich und wurde mit Handschellen und Fußfesseln in den Gerichtssaal gebracht. Durch unsere Köpfe ging alles von: Sie haben uns be- und ausgenutzt, bis hin vielleicht müssen wir froh sein, dass wir noch Leben.

Analysiere den Kasus!

?

Allgemein - Wissen:

Was sind für Dich relevante Begriffe die Du Dir erklären möchtest oder bei denen Du sicher gehen möchtest, dass Du die richtige Bedeutung kennst?

Stelle Dir Fragen und/oder Aufträge zu relevanten Themengebieten!

Was wären Fragen und/oder Aufträge für Dich als Professional / Hilfeleister:

Welche AnSICHTssache und oder Diskussionsthemen ergeben sich aus dem Kasus?

Aus welchen unterschiedlichen Blickwinkeln willst Du auf den Kasus schauen, welche Positionen willst Du hier einnehmen:

Welche Übungsmöglichkeiten siehst Du für Gespräche:

Kasus 21: Spannung (7)

Spannung (6)

Alle Angestellten des Jugendzentrums wurden als Zeugen geladen. Wir konnten natürlich nur etwas zu den Vorkommnissen im Jugendzentrum etwas sagen. Da wir sehr aufgeregt waren, gingen wir gemeinsam nochmals die Geschehnisse durch. Ein Besucher unserer Einrichtung wurde schon längere Zeit gesucht und war wohl auch sehr gefährlich und wurde mit Handschellen und Fußfesseln in den Gerichtssaal gebracht. Durch unsere Köpfe ging alles von: Sie haben uns be- und ausgenutzt bis hin vielleicht müssen wir froh sein, dass wir noch Leben.

Spannung (7)
Die Richterin war sehr nett. Dennoch bei der Befragung kam man sich vor wie bei einem Tennismatch, dass man ansieht. Verteidigung fragt, Staatsanwalt fragt, Verteidigung, Staatsanwalt, rechts – links, rechts – links....
Nach unseren Aussagen mussten wir auf dem Flur warten, ob wir noch benötigt wurden war unklar. Der Jugendliche mit Handschellen und Fußfesseln wurde weggeführt, da er mit dem weiteren Verlauf der Verhandlung nichts mehr zu tun hatte, er kam an uns vorbei und sagte ganz nett: „Bis demnächst!"

Analysiere den Kasus!

Allgemein - Wissen:
Was sind für Dich relevante Begriffe die Du Dir erklären möchtest oder bei denen Du sicher gehen möchtest, dass Du die richtige Bedeutung kennst?

Stelle Dir Fragen und/oder Aufträge zu relevanten Themengebieten!

Was wären Fragen und/oder Aufträge für Dich als Professional / Hilfeleister:

Welche AnSICHTssache und/oder Diskussionsthemen ergeben sich aus dem Kasus?

Aus welchen unterschiedlichen Blickwinkeln willst Du auf den Kasus schauen, welche Positionen willst Du hier einnehmen:

Welche Übungsmöglichkeiten siehst Du für Gespräche:

Kasus 22: Trauer und Verlust

In den Herbstferien ist ein Angebot des Jugendzentrums für alle Besucher ab 12 Jahre ein Shoppingausflug in ein riesengroßes Einkaufzentrum. Wir fahren etwas mehr als eine Stunde. Alle strömen aus, die Jugendlichen haben unsere Handynummer. Zur Anmeldung dieses Ausfluges gehörte die Erlaubnis der Eltern sich im Shoppingcenter frei bewegen zu dürfen, ohne Beisein der Betreuer. Alle hatten die Genehmigung und mein Kollege und ich entschlossen uns, den Tag mit einem Kaffee und einer kleinen Besprechung zu beginnen. Danach bummelten auch wir durchs Einkaufszentrum und trafen hier und da Jugendliche, die uns ihre Einkäufe stolz präsentierten.

Dann bekamen wir einen Anruf von einer Jugendlichen. Sie war völlig aufgebracht und meinte wir müssen uns unbedingt treffen. Wir verabredeten uns in den nächsten 10 Minuten an einem zentralen Punkt im Einkaufszentrum. Sie berichtete uns von einem Anruf ihrer Freundin, die heute nicht dabei sein konnte. Sie hatte unter Tränen erzählt, dass man ihren Bruder Tod auf einem Lidl – Parkplatz gefunden hat. Er hatte sich den Goldenen Schuss gesetzt. Seine Freunde hatten ihn einfach dort liegen gelassen und zugesehen. Das Mädchen und alle Jugendlichen um sie herum wollten nach Hause. Auch wir waren völlig geschockt, da der tote junge Mann (25 Jahre) zwei Tage vorher noch in unserer Einrichtung war. Er war auch regelmäßiger Besucher. Wir trommelten alle Jugendliche zusammen und fuhren nach Hause. Die Stimmung war still und traurig. Der verstorbene junge Mann, hatte eine jüngere Schwester (15 Jahre) und einen jüngeren Bruder (19 Jahre). Was würde uns im Jugendzentrum erwarten? Mein Kollege machte sich viele Gedanken, später sagte er mir, er hätte das letzte Gespräch, was er mit dem Verstorbenen führte, wie ein Abschiedsgespräch war. Hätte er den Tod verhindern können? Das war die Frage, die ihn quälte.

Zuhause am Jugendzentrum angekommen, gingen wir hinein. Das Mädchen, das den Anruf erhalten hatte, stand im ständigen Kontakt mit der Schwester des Toten. Wir waren ca. 10 Minuten in der Einrichtung als die Geschwister auftauchten. Die meisten weinten mit ihnen, mein Kollege kümmerte sich um den Bruder, sie lagen sich in den Armen und weinten. Ich kümmerte mich um die Schwester und auch wir weinten. Es wurden Ängste und Erinnerungen ausgetauscht und sie berichtete von ihrer Mutter. Sie berichtete davon, dass viele Verwandte und Bekannte da seien und ihre Mutter nur weinte. Als wir das Gefühl hatten, für heute nichts mehr tun zu können und die meisten Jugendlichen aufgebrochen waren, rief ich die Präventionskollegen von der Polizei an, die mich mit dem Opferschutzbeauftragten verbanden.

Mit der Opferschutzbeauftragte besprach ich die Situation und er wollte am nächsten Tag vorbei kommen. Obwohl es Sonntag war öffneten wir und boten Gesprächsmöglichkeiten. Wir richteten einen Gedenkschrein ein. Kerze, ein Kreuz, Foto vom Toten und eine Schreibmöglichkeit. Der Opferschutzbeauftragte meinte, wir würden alles richtig machen. Ich bat ihn auch mit meinem Kollegen alleine ein Gespräch zu führen, weil ich wusste, dass er sich Vorwürfe machte.

? Nutze die ersten Schritte des Lesezeichens! Ergänze sie mit eigenen Fragen auf der Rückseite, wie z.B.: Was sind die wichtigsten Erkenntnisse, die ich aus dem ersten Lesen ziehe? Was finde ich selbst? Was macht es mit mir? Welche Fragen würde ich dem Klienten noch stellen?

Analysiere den Kasus!

Allgemein - Wissen:

Was sind für Dich relevante Begriffe die Du Dir erklären möchtest oder bei denen Du sicher gehen möchtest, dass Du die richtige Bedeutung kennst?

Stelle Dir Fragen und/oder Aufträge zu relevanten Themengebieten!

Was wären Fragen und/oder Aufträge für Dich als Professional/Hilfeleister:

Welche AnSICHTssache und oder Diskussionsthemen ergeben sich aus dem Kasus?

Aus welchen unterschiedlichen Blickwinkeln willst Du auf den Kasus schauen, welche Positionen willst Du hier einnehmen:

Welche Übungsmöglichkeiten siehst Du für Gespräche:

Kasus 23: Die Beerdigung

Die Beerdigung war eine Erfahrung, die mir noch heute irreal vorkommt. Eine Beerdigung ist an sich schon sehr gefühlvoll, doch mein Kollege und ich erlebten diese mit Adrenalinkicks voller Respekt aus Angst.

Wir sahen schon beim Einparken auf dem Friedhofparkplatz die Autos mit den getönten Scheiben. Den Auftritt der Insassen, war uns von anderen Erfahrungen aus dem Jugendzentrum bekannt. Dealer!

Würden sie uns erkennen?

Als der Trauermarsch sich von der Leichenhalle aus in Bewegung setzte quetschten mein Kollege und ich uns in den Strauch der direkt hinter uns stand.

? Nutze die ersten Schritte des Lesezeichens! Ergänze sie mit eigenen Fragen auf der Rückseite, wie z.B.: Was sind die wichtigsten Erkenntnisse, die ich aus dem ersten Lesen ziehe? Was finde ich selbst? Was macht es mit mir? Welche Fragen würde ich dem Klienten noch stellen?

Analysiere den Kasus!

Allgemein - Wissen:

Was sind für Dich relevante Begriffe die Du Dir erklären möchtest oder bei denen Du sicher gehen möchtest, dass Du die richtige Bedeutung kennst?

Stelle Dir Fragen und/oder Aufträge zu relevanten Themengebieten!

Was wären Fragen und/oder Aufträge für Dich als Professional / Hilfeleister:

Welche AnSICHTssache und oder Diskussionsthemen ergeben sich aus dem Kasus?

Aus welchen unterschiedlichen Blickwinkeln willst Du auf den Kasus schauen, welche Positionen willst Du hier einnehmen:

Welche Übungsmöglichkeiten siehst Du für Gespräche:

Kasus 24: Marie S.[6]

In dem Wohnheim für erwachsene Menschen mit geistiger und mehrfacher Behinderung arbeite ich in einer Wohngruppe mit 8 Menschen bei denen besonders das herausfordernde Verhalten im Vordergrund steht. Besonders bei Marie S. (Name geändert) 45 Jahre, kommt es immer wieder zu Ausbrüchen von Fremd- und Autoaggression.

Das macht den Umgang mit ihr für viele neue MitarbeiterInnen häufig sehr schwierig. Neben ihren Ausbrüchen ist Marie S. eine sehr freundliche Person, die sich auch um die anderen Mitbewohner kümmert. Zu den Ausbrüchen kommt es meist, wenn Marie bei ihrem Gegenüber Unsicherheit und Schwäche spürt. Neue MitarbeiterInnen nehmen die Ausbrüche dann auch als persönliche Niederlage hin und verlassen die Gruppe. Der letzte Versuch Marie S. medikamentös (Psychopharmaka) einzustellen, darf als gescheitert betrachtet werden. Das Team arbeitet daran die Psychopharmaka wieder abzusetzen. Eine neue Mitarbeiterin findet Marie „total süß". So lange mehrere Mitarbeiter im Dienst sind, können beide gut miteinander arbeiten und haben viel Spaß. Beim ihrem ersten Dienst alleine, verändert sich die Situation zunehmend. In der Küche, wo Marie S. sonst ohne Probleme Aufgaben übernimmt, kommt sie den Aufforderungen der Mitarbeiterin nicht mehr nach. Maries Blick verfinstert sich zusehends. Die Mitarbeiterin bleibt nach ihrer Aussage sehr freundlich und versucht mit leiser Stimme Marie zum Mitmachen zu bewegen, merkt aber auch dass sie selbst zusehends nervöser und ängstlicher wirkt. Marie S. wirft eine Tasse auf den Boden. Die Mitarbeiterin reagiert erschrocken, möchte aber an diesem Punkt noch nicht in den anderen Gruppen um Hilfe bitten. Sie wird lauter und schreit Marie an sie solle die Küche verlassen. Marie schlägt sich selbst ins Gesicht und kreischt. Die Mitarbeiterin nähert sich Marie und versucht sie davon abzuhalten. Sie nimmt Marie an die linke Hand und dirigiert sie Richtung Maries Zimmer. Dabei geht sie neben Marie und lässt deren rechten Arm völlig unbeachtet. Marie kann ausholen und schlägt der Mitarbeiterin mit voller Wucht in das Gesicht. Das Jochbein wurde angebrochen. Die Mitarbeiterin hat nach dem Vorkommnis kein gutes Verhältnis mehr zu Marie S., und findet diese auch nicht mehr süß. Sie hat sehr viel Angst mit Marie alleine zu sein. In den Momenten in denen das passiert, wird Marie auch fast immer aggressiv. Auch eine Erhöhung der Neuroleptika ändert nichts an den Situationen. Die neue Mitarbeiterin lässt sich versetzen.

? Nutze die ersten Schritte des Lesezeichens! Ergänze sie mit eigenen Fragen auf der Rückseite, wie z.B.: Was sind die wichtigsten Erkenntnisse, die ich aus dem ersten Lesen ziehe? Was finde ich selbst? Was macht es mit mir? Welche Fragen würde ich dem Klienten noch stellen?

Allgemein - Wissen:

Was ist geistige Behinderung?

Was ist Aggression?

Was ist herausforderndes Verhalten?

Was sind Psychopharmaka?

Was ist Selbstbewusstsein?

Was ist Selbstbehauptung?

Was ist Selbstverteidigung?

Was ist Angst?

Fragen und/oder Aufträge zu relevanten Themengebiete:
In dieser Wohngruppe leben 8 Menschen miteinander die größtenteils das Potential zu herausfordernden Verhalten haben.
Was sind die besonderen Herausforderungen für die MitarbeiterInnen?

Wie hilft hier eine systemisch-konstruktivistische Betrachtungsweise?
Warum sperren wird die nicht einfach weg? (auch als Diskussionsthema geeignet!)

Finde heraus welche Langzweitwirkungen Neuroleptika haben.

Fragen und/oder Aufträge für den Professional / Hilfeleister:
Welche Hilfe hätte die neue Mitarbeiterin nötig gehabt?

Auf welchen Ebenen hätte sie unterstützt werden müssen?

Welche Sichtweise hast Du auf aggressives Verhalten?

Wie wärst Du mit der Situation umgegangen?

Wie würdest Du den Kasus analysieren?
Stelle Hypothesen zu Maries Verhalten auf. Warum verhält sich Marie so?

Welche Methoden können hier zum Einsatz kommen?
(Denke an: Selbstbehauptungstraining, Deeskalationstraining, Perspektivwechsel, Kriseninterventionstraining)

Auf welchen Ebenen würdest Du ansetzen?
(Klientin-Mitarbeiterin , Team-Mitarbeiterin , Einrichtung-Team-Mitarbeiterin usw.)

Welche Erfahrungen hast Du im Umgang mit Aggressionen im Arbeitsfeld?

Was hast Du dabei über Dich gelernt?

Wie würdest Du Dich Anstelle der Mitarbeiterin verhalten?

Darf Marie schlagen weil sie geistig behindert ist?

Wie schützt Du dich?

Übungsmöglichkeiten für Gespräche:
Stell Dir vor Du bist der Teamleiter und müsstest die Mitarbeiterin in der Krisensituation, also vor ihrer Versetzung, beraten.
Wie würdest Du Dich auf das Gespräch vorbereiten?

Was wäre dabei wichtig zu bedenken?

Welche Grundhaltungen helfen Dir weiter?

Welche Gesprächsfertigkeiten sind notwendig?

Welche Aufgaben hat das Team?

Kapitel 4

Zwei Beispiellösungen/Ansätze zur Bearbeitung

An sich war mein Ansatz gar keine Lösungen, Ansätze oder Ideen zur Bearbeitung in das Buch zu schreiben. Meine Erfahrung ist, dass diese nach wie vor dann als die Lösung betrachtet werden.

Meine Erfahrung ist auch, dass StudentInnen Ideen entwickeln für einen Klienten oder einen Produktentwurf und das ist es dann – perfekt. Sie vergessen zu hinterfragen, ob es noch mehr gibt als das Offensichtliche oder sich die Frage zu stellen: Kann auch noch etwas anderes? Gibt es noch andere Theorien? Warum soll das *die* Theorie sein?

Warum jetzt doch?

Ich habe überlegt, dass ich nicht alleine mögliche Vorgehensweisen zur Verfügung stelle, sondern Kollegen frage, welche Frage findest Du interessant, welches Thema spielt für Dich hier eine Rolle? Was würdest Du wie im Unterricht besprechen? Fehlt Dir noch ein Kasus?

Dies habe ich hier für den Kasus gesammelt und werde ich an dieser Stelle veröffentlichen, um auch hier der möglichen Diversität Raum zu geben. In Zukunft planen wir eine Internetseite entstehen zu lassen, die weitere Möglichkeiten gibt, Ideen auszutauschen, zu diskutieren, Anregungen zu geben, Gedanken zu teilen. Weiterhin bietet das Forum Dir auch die Möglichkeit Deine Ideen zu veröffentlichen, Diskussionen zu führen und miteinander Gedanken zu wechseln oder Kontakt mit mir aufzunehmen.

Halte Dich unter www.swpbook.com auf dem Laufenden. Hier wirst Du erfahren, wann es losgeht.

Ich finde, dass es ein spannendes Unterfangen wird, dass deutsche und nieder-
ländische Menschen sich hier treffen und miteinander Schlau² = anders werden.
Mein Wunsch ist es, das wir uns aufeinander einlassen und Sprache keine
Rolle spielt. Helfen kann hierbei: www.uitmuntend.de. Diese Seite bietet
Deutschen und Niederländern die Möglichkeit einander in der Verständi-
gung zu unterstützen.

Beispiellösung I

Kasus 5: Vergewaltigung?

Vergewaltigung? (1)
Im Regelkindergarten, in dem ich als Leitung tätig war, waren 50 Kinder
aufgenommen. Es gab zwei Gruppen à 25 Kinder, die sich während der
Freispielzeit im Ganzen ihnen zur Verfügung stehenden Gebäude aufhalten
durften. Ein Gruppenraum hatte eine zweite Ebene mit zwei kleinen Häuschen, die sich ideal als sogenannte Puppenecke nutzen ließen. Dadurch dass
sie nicht von allen Seiten einzusehen waren, genossen es die Kinder in Ruhe
dort Vater, Mutter, Kind zu spielen.
Alle waren beschäftigt und ich hatte gerade ein Telefonat mit einem Vertreter,
als ein Mädchen, Madeleine 5 Jahre in mein Büro kommt und sieht sehr blass
aus. Ich beende schnell das Telefonat und wende mich ihr zu. Sie sagte einen
Satz, den ich noch heute höre: „ Marius hat mit mir geschlafen."

Vergewaltigung? (2)
Erst einmal wurde ich sehr still und nahm sie in den Arm. Nach einigen
Minuten erzählte sie, dass Marius (6 Jahre) gesagt habe, das gehöre zum Vater, Mutter, Kind spielen dazu und schließlich würden Frauen und Männer
miteinander schlafen. Marius habe ihr dann geholfen, die Hose auszuziehen
und dann habe er seinen Penis in ihre Scheide gesteckt. Ich habe sie gefragt,
wie es ihr geht und ob ihr etwas weh tut. Sie verneinte dies und wollte
spielen gehen. Ich nahm das Ganze sehr ernst. Ich tauschte mich mit einer
Kollegin aus und bat sie, auf Madeleine Acht zu geben.

Vergewaltigung? (3)

Ich holte Marius und fragte ihn, was denn gerade in der Puppenecke geschehen sei. Marius sagte, er habe mit Madeleine Vater, Mutter, Kind gespielt und er berichtete ganz stolz: „Und ich war der Vater!" Ich fragte: „Was hast Du denn als Vater gemacht?" „Ich gehe arbeiten und schlafe mit meiner Frau." „So, und woher weißt Du so genau, dass ein Vater dies tut?" „Na, das habe ich bei Gute Zeiten – Schlechte Zeiten im Fernsehen gesehen. So geht das eben!"

Vergewaltigung? (4)

Nach Rücksprache mit einer Fachberatung vom Kreisjugendamt kam diese als neutrale Instanz in den Kindergarten. Wir baten nacheinander die Eltern zu einem Gespräch und fuhren mit der Mutter und dem Mädchen zu einer Untersuchung zu einem Arzt.

Bearbeitet durch Anne Dore Moll Dozentin Hochschule von Arnhem und Nijmwegen aus dem systemischen Blickwinkel (ab 2. Studienjahr, eher noch 3./4. Studienjahr).

? Unsere Zentrale Frage: Wie kann ich den Kasus systemisch betrachten?

Leider können wir hier nicht den gesamten systemischen Fachinhalt wiedergeben, der hier aus meiner Sicht gefragt und angemessen ist- deshalb wirst Du folgend nur einen Konsens dieser Betrachtung finden, der Dich weiterführend inspirieren soll hier Inhalte der Systemtheorie noch zu vertiefen. Beschäftige Dich zunächst unbedingt mit der Ausarbeitung der unten stehenden Schlüsselworte.
Wichtig: Wir gehen hier davon aus, dass keine „Kindeswohlgefährdung" vorliegt. (Recherchiere was mit diesem Begriff gemeint ist)
Ziel ist es Deinen Blick systemisch zu schulen und Dir systemische Zugangswege für den Fall zu eröffnen.

> **Tipp:** Lasse Dich nicht gleich abschrecken, wenn Du etwas nicht verstehst. Der systemische Blick ist vielfältig und nicht linear zu begreifen – lies deshalb gefundene Inhalte mehrmals, denn auch Dein Bewusstseinssystem (psychisches System) braucht Verarbeitungszeit um Inhalte zirkulär zu verbinden.

1. Schritt der Bearbeitung:

Bevor Du diesen Kasus weiterführend bearbeitest, suche folgende systemischen Schlüsselworte und verbinde sie mit dem Kontext des Kasus:

- Luhmanns Theorie uber sozialen Systeme / psychische Systeme – strukturelle Koppelung
- Sozialer Konstruktivismus
- Beobachtung 1. Ordnung – Beobachtung 2. Ordnung
- Kontextualisierung – Sinn – Sprache – Anschlusskommunikation
- Systemische Prämissen
- Systemische Schleife – systemische Hypothesenbildung
- Systemische Fragen

? 1a) Folgend betrachtest Du die im Kasus beschriebene Problemstellung aus dem systemischen Blickwinkel – Beginne zunächst System und Umwelt voneinander abzugrenzen und zu beschreiben: Wer gehört zum System und wer ist Umwelt? Hier gibt es mehrere Möglichkeiten - warum?

1b) Weiter: nutze den systemtheoretischen Ansatz, der besagt, dass Sozialsy- steme allein aus Kommunikation bestehen. Laut Luhmann differenziert sich Kommunikation in drei Selektionen (Information, Mitteilung, Verstehen). Ordne die stattgefundene Kommunikation entsprechend dieser Einteilung. Welche Unterschiede siehst Du hier zu dem her- kömmlichen Modell von Schulz von Thun?

1c) „Soziale" Systeme und „psychische" Systeme sind strukturell miteinan- der gekoppelt und operational geschlossen – Was bedeutet das bezogen auf Madeleine, Marius und den Begleiter?

---

2. Schritt der Bearbeitung:

„Alles was Laien von Experten unterscheidet ist die Kunst der genauen Beobachtung" (Wilke, 1994:12).

Laut Krizantis (2012:14) „macht der Beobachter die Beobachtung", und damit können wir davon ausgehen, dass alles Geschehene *selbstreferentiell „konstruiert"* wird. Jeder Beobachter hat damit seine eigene Sicht auf das Ge- schehene. Andere Beobachter messen der Aussage von Madeleine vielleicht keine Bedeutung zu, denn ihr *selbstreferentielles autopoietisches System* sieht ggf. etwas ganz anderes?

Wer sagt überhaupt, dass es ein Problem ist und nicht allein ein experi- mentelles Ausprobieren, das im Lebensalter von 5 Jahren auch als normal beschrieben wird (ähnlich wie bei Doktorspielen)?

Marius und Madeleine konstruieren damit auch ihre eigene Wirklichkeit was nicht heißt, dass diese von ihnen geschilderte Situation nicht wahr ist.

? 2a) Unterscheide und definiere die Beobachtung 1. und 2. Ordnung aus systemischer Sicht.

2b) Wo genau findest Du diese in dem Fall zurück?- Welche Position nimmst Du als Leser des Falles ein?

Laut Systemtheorie ist ein Problem das Ergebnis vorherrschender Interaktionsmuster, nur welche herrschten hier vor? Hinzu kommt, dass systematisch gesehen Probleme bzw. Störungen immer im Rahmen der eigenen Konstruktionen gesehen werden müssen. (vgl. hierzu die Theorie des sozialen Konstruktivismus).

Damit kann von einem *"problemspezifischen System"* (Schweizer, 2000) gesprochen werden, das sich um eine Situation herum bildet. In der Rolle des Beobachters 2 Ordnung können wir festhalten: Beide „*soziale Systeme"* werden befragt und beide Systeme haben eine eigene Sicht auf die Inhalte. Sie zeigen in der *Anschlusskommunikation* sehr deutlich unterschiedliche Sichtweisen. Systemisch gesehen wird uns damit ein wichtiges Reservoir an Daten als Beobachter 2 Ordnung geliefert:

Madeleine erzählt aus ihrer Sicht den Vorgang, sagt aber nichts zu ihrer Befindlichkeit.

Marius zeigt in seinen Formulierungen deutlich „seine Brille" auf die Situation. Andere MA würden hier vielleicht noch vielfältige andere Blickwinkel hinzufügen. Es ist wertvoll, letztere in einer kollegialen Beratungssituation innerhalb des Teams zu sammeln, um ein möglichst vielschichtiges Bild aus verschiedenen Systemen zu erhalten. Aus systemischer Sicht ist das gezielte Sammeln von Beobachtungen 2 Ordnung eine wichtige Form der Datensammlung. (vgl. hierzu die Systemische Schleife). „Multiperspektivität" ist hier bedeutsam und Ziel führend, denn sie ergänzt unsere eigenen Sichtweisen.

3. Schritt der Bearbeitung:

?

3a) Sammle folgend Deine bisher gewonnenen Kasus-Daten. Wie findest Du darin den wichtigen systemischen Begriff von Zirkularität wieder?

3b) Welche wichtigen Daten brauchst Du noch - warum? Wie könntest Du diese gewinnen?

Wir nehmen weiter wahr, dass die Kasus-Situation durch viele „Prismen" gebrochen wird und damit alles noch recht „nebulös" erscheint. Mehr noch wir wissen von uns selbst, dass wir systemisch die Komplexität des Geschehenen versuchen mit unseren eigenen systeminternen Inhalten (z.B. Moralvorstellungen) zu reduzieren, um mehr Sicherheit zu erlangen. Bedeutsam ist damit die selbstreflexive Forschung[7], um unsere eigene Wahrnehmung[8], eigene Kontextualität unseres Handels und unsere eigenen[9] Bedeutungsgebungen zu kennen. Distanz und Allparteilichkeit zu wahren ermöglicht es Strukturen und Prozesse aus einer Außenperspektive betrachten zu können und nicht etwa Sichtweisen des Systems unkritisch zu übernehmen. Unsere Möglichkeit ist es damit nicht nur stattfindende Kommunikationen weiter zu beobachten (Beobachtung 2. Ordnung), sondern auch zielgerichtet Fragen zu stellen, um die vorgefallene Situation besser einordnen zu können. So werden wir auch ein Gespräch mit den Eltern der beiden Kinder führen und über den Vorfall informieren und erfahren welche Informationen/Reaktionen sie dazu kommunizieren.

Letztendlich sammeln wir damit Daten (vgl. qualitative Sozialforschung) als ersten Schritt der systemischen Schleife und erhalten damit wichtige Informationen.

4. Schritt der Bearbeitung:

Unbestritten bleibt, wir als Mitarbeiter einer Einrichtung haben einen Betreu-
ungs-/Erziehungsauftrag und damit auch eine Mitverantwortung für das Wohl
aller Kinder. Wir sind damit Vertreter beider Kinder. Mehr noch, wir haben
damit ein doppeltes Mandat, wenn wir das elterliche System integrieren.

Wir beziehen uns auf weiterführende Inhalte der Systemtheorie, die uns
einen guten inhaltlichen Ziel- und damit Bearbeitungsrahmen geben
können. Kommen wir damit zu dem zentralen systemischen Thema von
„Sinn". Sinn muss selbstreferentiell verstanden werden und damit ist es
wichtig den drei Dimensionen (1. Sach- 2. Sozial- und 3. Zeit-Dimension)
von Sinn auch entsprechend Rechnung zu tragen. Hier können wir nun
deutlich die Gegebenheiten weiter betrachten und damit weiterführend
zahlreiche Daten sammeln:

? 4a) Recherchiere was die Systemtheorie unter „Sinn" versteht?

4b) Welches Thema wird hier durch die Kinder in Kommunikation gebracht?

Sexualität – Rollenverstehen – Grenzen – und Bedürfnisse, was sagt das über
das selbstreferentielle Verstehen der Kinder aus?

4c) Wie findet hier zwischen beiden Kindern Anschlusskommunikation
statt?

4d) Wie ist das „Vorher" und das „Nachher" zu erfassen?

----

5. Schritt der Bearbeitung:

5a) Du hast nun eine Menge Daten anhand der systemischen Schleife[11] gesammelt.

Überlege folgend welche möglichen Hypothesen damit gebildet werden könnten?

Begründe Deine Antworten.

5b) Beziehe hierbei auch das Familiensystem ein und recherchiere nach dem Begriff Parentifizierung und Symptomträger. Wie kann dieser Begriff weitere Denk- und Handlungsräume zu dem Kasus eröffnen?

Überlege Dir hierzu gezielte systemische Fragen für das Familiensystem, um weiterführend Daten zu sammeln.

6. Schritt der Bearbeitung:

Abschließend wenden wir uns noch den systemischen Haltungsaspekten zu:

Hier ist die zentrale Frage: *Wie löse ich in der Rolle als SPH'er das ethische Dilemma zwischen meinem eigenen persönlichen Standpunkt gesehen des Themas und den systemischen Anforderungen von Neutralität und Allparteilichkeit? (vgl. systemische Prämissen)*

Der systemischer Betrachter hat gemäß dem systemischen Verständnis Beziehungsneutralität –Problemneutralität- und Kontextneutralität zu wahren.

6a) **Beziehungsneutralität** bedeutet hierbei, dass der Begleiter keinen Schiedsrichter spielt und keine Koalitionen mit einem der beiden Systeme eingeht.

Notiere was Du als „soziales" System in welcher Form einbringen kannst, um verantwortlich und neutral mit dem Geschehenen umzugehen. An welchen Kommunikations- und Verhaltensaspekten könnte das Deine Umwelt wahrnehmen? Welche Wirkungen erwartest Du Dir davon? Begründe dies aus dem systemischen Blickwinkel.

6b) **Problemneutralität** bedeutet, dass der Betrachter unterlässt hier eine Problemsituation zu bewerten.

Vertiefe Dich in diesen systemischen Haltungsaspekt – warum ist dieser so wichtig und welche Wirkungen hat dies auf das Problemsystem?

6c) **Konstruktneutralität** bedeutet die Sichtweisen von Madeleine und Marius nicht zu bewerten.

Überlege wo, in welcher Form Du Schwierigkeiten für Dich in der Klienten-Begleitung siehst.

Was sagt das über Dich aus? Welchen systemischen Einsichten kannst Du hier für Dich nutzen um zu einem mehr an Neutralität zu kommen?

Beispiellösung II

Kasus 20: Kontakt aufnehmen

Bei einem Kurs den ich an einer Förderschule mit dem Schwerpunkt Lernen für eine Mädchengruppe der Abschlussklassen gab, habe ich eine besondere Erfahrung gemacht. Ich lernte dort eine Mädchengruppe von 8 Mädchen mit ihrer begleitenden Lehrerin kennen. Diese war sehr besorgt um ihre Mädchen, und da nicht gut einzuschätzen war, wie die Mädchen auf den Kursus reagieren, war die Lehrerin die ganze Zeit über hinten im Raum anwesend.

Bei den Vorgesprächen erfuhr ich, dass der Kursus etwas langsamer gestaltet werden muss, genauer und langsamer Dinge erklärt werden müssen und dass Mädchen dabei sind die wenig bis keinen Kontakt mit anderen aufnehmen. Ich konnte nicht gut einschätzen, was dies konkret für mich als Kursleiterin bedeuten würde, da ich bisher nur mit Menschen ohne „Einschränkungen" gearbeitet hatte. Ein Mädchen Sammy (17 Jahre) war mit in der Gruppe. Sie fiel mir sofort auf, da sie die ganze Zeit auf den Boden blickte. Auch bei der Begrüßung nahm sie keinerlei Kontakt mit mir auf.
Die Mädchengruppe und ich trafen uns nun 10 x jeweils 3 Schulstunden, um miteinander zu arbeiten. Wir hatten sehr viel Spaß miteinander. Sammy nahm ich so wie sie war, bezog sie mit ein, auch wenn ich von ihr keinerlei Reaktion bekam. Ich sprach mit ihr, was nicht einfach war bspw. wenn Antworten ausblieben. Bei vielen Dingen die wir taten, blieb sie einfach auf dem Stuhl sitzen.

Ich fragte sie, wenn etwas Neues kam immer, ob sie die heimliche Beobachterin sein wollte und wenn sie etwas sehen würde, was für uns alle zum Lernen wichtig sei, dürfte sie es melden. – Keine Reaktion –

Beim vorletzten Treffen machten wir Partnerübungen. Ich stellte mich neben sie, da sie ihre Partnerin nicht ansah und wollte einspringen falls die Übung nicht funktionierte, wovon ich ausging, wollte ihrer Partnerin die Teilnahme dennoch ermöglichen. Ich nahm wieder normal das Gespräch auf wie immer. Auf einmal ging ein zucken durch den Körper von Sammy und sie hob den Kopf, schaute mich an und lächelte. Ich sagte:„ Hey Sammy, schön dass Du da bist!"
Im Hintergrund sah ich, wie die Lehrerin zu weinen begann.

Bearbeitet durch Katja Heller Hauptdozentin an der Hochschule von Arnhem und Nijmwegen.

? Fragen und/oder Aufträge für den Professional / Hilfeleister:
Welche Informationen kann ich der Fallbeschreibung entnehmen?

Welche (vorläufigen!) Schlussfolgerungen kann ich aus der Zusammenschau der Informationen ziehen?

Wie kann ich die plötzliche Reaktion von Sammy nach der wochenlangen Zusammenarbeit erklären?

Welche Fähigkeiten, Fertigkeiten und Einstellungen erkennst Du beim Sozialpädagogen im obigen Beispiel?

Welche Handlungsalternativen könnte der Sozialpädagoge im obigen Fall
noch anwenden?

Allgemein - Wissen:

In der Fallbeschreibung werden einige Anhaltspunkte gegeben, die zum weiteren Verständnis beitragen können.

So befindet sich Sammy mit ihren 17 Jahren in der Adoleszenz. Diese Lebensphase wird durch alterstypische körperliche, kognitive, emotionale und
soziale Entwicklungsschritte gekennzeichnet. Zugleich mit der Entwicklung
ergeben sich auch alterstypische Entwicklungsaufgaben, wie etwa der Aufbau neuer und reiferer Beziehungen zu Altersgenossen beiderlei Geschlechts
und die Übernahme der männlichen oder weiblichen Geschlechtsrolle (Ha-
vighurst in Oerter & Dreher, 2008, S. 281).

Sammy besucht eine Förderschule mit dem Förderschwerpunkt Lernen.
Kinder und Jugendliche mit diesem Förderschwerpunkt weisen eine Be-
einträchtigung des Lern- und Leistungsverhaltens auf. Sie „haben oft
Probleme mit der Wahrnehmung, der Merkfähigkeit, der Aufmerksamkeit, dem Lerntempo oder der Ausdrucksfähigkeit. Sie benötigen häufig
Unterstützung beim Aufbau eines positiven Selbstwertgefühls und einer
realistischen Selbsteinschätzung" (Ministerium für Schule und Weiterbildung NRW, 2013).

Grundlage für den Besuch einer Förderschule ist die Feststellung des indivi-
duellen sonderpädagogischen Förderbedarfs. Das Verfahren zur Entscheidung
über Förderbedarf und Förderort ist in der Verordnung über die sonderpädagogische Förderung, den Hausunterricht und die Schule für Kranke (Ausbil-

dungsordnung gemäß § 52 SchulG – AO-SF) des Landes Nordrhein-Westfalen geregelt (Ministerium für Schule und Weiterbildung NRW, 2013).

Es liegt die Vermutung nahe, dass Sammy aufgrund ihres sonderpädagogischen Förderbedarfes nicht in allen Entwicklungsbereichen dem Altersdurchschnitt entsprechend entwickelt ist.

Wahrnehmbar für den Sozialpädagogen ist zunächst die scheinbar nicht vorhandene Kontaktaufnahme von Sammy: „Sie fiel mir sofort auf, da sie die ganze Zeit auf den Boden blickte. Auch bei der Begrüßung nahm sie keinerlei Kontakt mit mir auf." Auch mit den anderen Mädchen der Kursgruppe tritt Sammy nicht in Interaktion: „Bei vielen Dingen die wir taten, blieb sie einfach auf dem Stuhl sitzen." Sammy ist nicht explorativ, sie verhält sich passiv und still.

Ein reduziertes Neugierverhalten, wenig erzählen, wenig Kontakt zu anderen können Hinweise auf soziale Unsicherheit sein. Untersuchungsergebnisse weisen weitere Folgen für betroffene Kinder und Jugendliche an. Sozial unsichere Kinder und/oder Jugendliche erfahren beispielsweise häufiger Ablehnung in sozialen Gruppen und nehmen hierin auch häufiger eine Außenseiterposition ein, sie weisen häufiger eine negativ getönte Selbsteinschätzung und ein geringes Selbstbewusstsein auf (Ahrens-Eipper, 2002, S. 12ff.).

Doch es kommt Bewegung in die Sache. Wodurch?

Gehen wir mal davon aus, so wie Kok es im Falle der Erziehung tut (2011, S. 43), dass auch Begleitung und Hilfeleistung ein sich stetig wandelnder Prozess ist, der durch eine Vielzahl von Faktoren beeinflusst wird, etwa durch individuelle Merkmale der beteiligten Personen (etwa Sammys Fähigkeiten und Fertigkeiten, die Erwartungshaltung des Sozialpädagogen an seine Teilnehmer), Umgebungseinflüsse (etwa die Anwesenheit der Lehrerin, aber auch Zeit und Ort des Kurses) und gruppendynamische Prozesse.

Gehen wir des Weiteren davon aus, dass sowohl Erziehung als auch Begleitung und Hilfeleistung sich auf die Eröffnung von Entwicklungschancen richtet – und dies nicht durch einzelne, pädagogische Akte oder die direkte Beeinflussung des Anderen, sondern durch die Gestaltung eines komplexen Prozesses, der Wachstum ermöglicht (Kok, 2011, S. 44). Basis eines solchen Prozesses ist die (pädagogische) Beziehung, in der Aushandlungsprozesse und dialogische Verständigung Grundlage der Koproduktion, also der gemeinsamen Teilnahme am Prozess und am Ergebnis, bilden. (Spiegel, 2008, S. 44).

Folgen wir dieser Einschätzung, dann wird deutlich, dass sich das Handeln des Sozialpädagogen (oder Erziehers) auf der Gestaltung des Prozesses und nicht auf die direkte Beeinflussung und ggf. Veränderung des Individuums bezieht. Mit anderen Worten: Wie kann Sammy in dem pädagogischen Prozess beteiligt werden? Wie kann dieser so gestaltet werden, dass für Sammy eine Entwicklung möglich wird?

An dieser Stelle möchte ich nur eine der drei von Kok genannten Dimensionen vertiefen, mit Hilfe derer pädagogische Prozesse wirksam gestaltet werden können: der Beziehungsaspekt (Kok, 2011, S. 60ff.).

Sammy kommuniziert mit ihrem Verhalten durchaus, nämlich dass sie nicht zu einer direkten Interaktion bereit ist. Eine Beziehung scheint hier oberflächlich betrachtet nicht möglich, mehr noch, auch nicht erwünscht.

Dies fordert den Sozialpädagogen zu einer passenden Antwort heraus. Die gibt der Sozialpädagoge im obigen Kasus durch konstante Beziehungsangebote auf sachlicher Ebene, durch das sorgfältige Ausbalancieren von Nähe und Distanz. Sammy wird angesprochen, es werden Angebote unterbreitet und eine Rolle und damit Funktion (und hiermit Bedeutung für die Gruppe als Ganzes) angeboten: „Ich fragte sie, wenn etwas Neues kam immer, ob sie die heimliche Beobachterin sein wollte […]". Dies alles, ohne Reziprozität einzufordern. Die wiederkehrende Ansprache vermittelt die Botschaft: „Ich nehme Dich wahr, Du bist da und Teil unserer Gruppe", ohne zu drängen oder zu fordern, ohne offensichtlichen Veränderungswillen überhaupt. Die Freiheit zur Entscheidung liegt bei Sammy. Wie auch immer sie sich entscheidet, dies ändert nichts an den Beziehungsangeboten, nichts an der Akzeptanz, sie auf ihre ganz eigene Art teilhaben zu lassen. Vielleicht ist es diese Vorhersagbarkeit und damit die Übersichtlichkeit und Sicherheit, die Sammy das Wagnis einer direkten Kontaktaufnahme nehmen lässt.

? Fragen und/oder Aufträge zu relevanten Themengebieten:

- *Entwicklungspsychologie:*
  Sammy befindet sich in der Adoleszenz. Welche Entwicklungsverläufe lassen sich für die Phase der Adoleszenz im Bereich der sozialen, emotionalen, körperlichen und kognitiven Entwicklung beschreiben?

  Welche weiteren Entwicklungsaufgaben stellen sich Jugendlichen in dieser Lebensphase?

- *Sonderpädagogik:*
  Was sind Lernstörungen? Wie entstehen diese? Was bedeutet dies für die Betroffenen?

  In der Analyse wird die Vermutung geäußert, Sammy könnte eine soziale Ängstlichkeit aufweisen – eine der internalisierenden Verhaltensstörung. Was wird als Verhaltensstörung bezeichnet? Wie wird die Entstehung von Verhaltensstörungen in verschiedenen Ansätzen erklärt?

- *Psychologie:*
  In der Analyse wird zur Erklärung für Sammys plötzliche Beteiligung auf ein Konzept der humanistischen Pädagogik zurückgegriffen, die auf den Grundgedanken der humanistischen Psychologie aufbaut. Was sind die Ausgangspunkte der humanistischen Psychologie? Was kennzeich-

net ihr Menschenbild? Wer sind die wichtigsten Vertreter dieser psychologischen Strömung?

AnSICHTssache:

Du kannst auf die Fragen aus unterschiedlichen Blickwinkeln schauen:

1. Inklusion ist in aller Munde und steht auf der sozialpolitischen Agenda weit oben. Ließe sich der Gedanke der Inklusion auch für Mädchen wie Sammy verwirklichen? Welche Rahmenbedingungen wären hierfür nötig?

----

2. Jede Intervention in der (sozial-)pädagogischen Arbeit hat einen Angebotscharakter: sie kann angenommen, aber auch abgelehnt werden. Was bedeutet dies für Dich als Sozialpädagoge?

----

3. Auf den ersten Blick scheint Sammy im obigen Kasus nicht bereit und gewillt zur Zusammenarbeit. Sie ist da, mehr jedoch nicht. Ein Grundsatz des lösungsorientierten Arbeitens lautet: „Es gibt keine unwilligen Klienten." Wie stehst Du zu diesem Grundsatz?

Kapitel 5

Dozenten oder Begleiter und Unterricht oder Begleitung

Gibt es die perfekte Begleitung? Meiner Ansicht nach nicht! Begleitung muss genauso divers sein, wie die vielen Studenten und die Niveaus auf denen sie sich befinden. Jeder lernt anders, jeder nimmt anders wahr, jeder springt auf eine andere Art eines Menschen an.

Was braucht jeder Mensch, um sich entwickeln zu können? Sicherheit!

Dies erlebe ich tagtäglich in meinem Beruf. StudentInnen fragen nach Sicherheit, Dozenten wollen in ihrem Arbeitsrahmen Sicherheit. Für StudentInnen gibt es neue Situationen, sie möchten innerhalb derer Strukturen, Rahmenbedingungen, um sich sicher zu fühlen. Begleiter/Dozenten haben ein neues Programm, dass sie begleiten, eine neue Prüfung die sie beurteilen, was passiert – sie stellen die gleichen Fragen nach Strukturen, Rahmenbedingungen – Sicherheiten.

So verschieden sind beide Parteien gar nicht und Studenten oft gar nicht so unselbstständig wie geglaubt wird. Sie verhalten sich ganz natürlich. Wir alle sollten mit diesen Gegebenheiten umgehen. Das Schlüsselwörtchen in vielerlei Hinsicht ist Kommunikation. Deutlich miteinander kommunizieren und nochmals vergewissern, verstehen wir zumindest ungefähr das Gleiche, kann helfen.

Dennoch wir kommen aus unterschiedlichen Generationen und sind unter anderen Umständen aufgewachsen.

Ich erlebe StudentInnen heute oft ambivalent. Auf der einen Seite sind sie mit zu vielen Unterschiedlichkeiten bspw. bei Auswahlmöglichkeiten völlig überfordert, und auf der anderen Seite benötigen sie innerhalb des Unterrichts viele verschiedene Reize, um aufmerksam zu bleiben und zu folgen. Die Aufmerksamkeitsspanne nimmt schnell ab und dann muss wieder was Interessantes passieren. Eine Theorievorlesung von 1,5 Stunden ist beinah undenkbar. Auch sind Handys und Laptops aus dem Unterricht nicht mehr wegzudenken. Ich bekomme mit, dass es Kollegen gibt, die überhaupt nicht darüber sprechen und andere die dies thematisieren, manchmal als Problem und manchmal nicht. Manchmal ertappe auch ich mich, dass ich denke, na da taucht wieder jemand hinter seinem Laptop ab und richte auch schon mal den Unterricht so ein, dass die Tische verschwinden müssen und keine Chance für den Umgang mit Laptop und Handy besteht.

Insgesamt jedoch ist es mir wichtig, dass StudentInnen in der Zeit in der sie leben auch lernen sollten und wir die Technik, die uns zur Verfügung steht nutzen sollten.

Ich selber hatte bis vor einem Jahr kein Handy. Ich wollte nicht überall erreichbar sein. Durch das interne System der Hochschule an der ich arbeite, war es mir dann plötzlich nicht mehr möglich ohne Handy zu leben, da ich nur Noten eintragen kann, mit einem Login, der über Handy geschickt wird. Durch das Auseinandersetzen mit dieser Technologie und das Aufkommen von dem Thema: „auch Social Workers müssen mit der Zeit gehen und die neuen Technologien für ihre Arbeit nutzen", habe ich meine Einstellung grundlegend verändert. Ich denke, dass auch wir im Rahmen vom Unterricht die Chance nutzen sollten, Lernen attraktiver zu machen. Im Unterricht zu sehen, da taucht jemand hinter seinem Laptop unter, pack ihn da und gebe ihm den Auftrag etwas zum Beitrag des Unterrichts im Netz herauszusuchen. Es spielen Studenten mit dem Handy, prima tut euch zusammen und führt eine Diskussion über WhatsApp. Tragt die Ergebnisse zusammen und bereichert den Unterricht. Auch Themen wie Chancen und Risiken der neuen Medien kann zu jedem anderen Thema hinzugenommen werden, es kann bei Zielgruppen wichtig sein, in der Medizin, in der Zusammenarbeit und und und. Dennoch bleibe ich eine Verfechterin davon, dass ein Buch auch in die Hand zu nehmen sein muss. Es geht nichts darüber ein neues Buch zu riechen.

Eine Inspiration wie sich Social Work, unternehmend sein und Technologie verbinden, hat mir dieser Film gegeben, den ich jedem nur ans Herz legen möchte: Trends 2014 von Adjiedj Bakas http://www.youtube.com/watch?v=nDS7J-Ni_iY

Wie muss dann Unterricht heute aussehen? Wie können wir Studenten erreichen? Wie können wir dazu beitragen, dass Studenten sich entwickeln wollen? Wie können wir Sorge tragen, dass sie Lust haben sich mehr auseinanderzusetzen, als nur mit dem was sie für die nächste Prüfung brauchen? Wie tragen wir dazu bei, dass sie auch nach der Ausbildung weiter gehen und nicht im Tunnelblick stecken bleiben?

Ich bin der Meinung, dass Zeit ein wichtiger Faktor ist, Verständnis für einander, Bedürfnisse zu besprechen, miteinander zu besprechen, warum Menschen zu begleiten, zu unterstützen für uns alle so wichtig ist, denn wir scheinen ja ähnliche Ziele zu verfolgen, oder? Was sind unsere Visionen? Was wollen wir bewegen? Welchen Platz haben Fehler in der Gesellschaft und beim Lernen?

Was bewegen wir mit dem Unterricht den wir geben, wenn wir keinen Raum für Erkenntnisse schaffen, keinen Raum geben zum Experimentieren, keinen Raum für Erfahrungen, weil ja die nächste Prüfung kommt und der nächste Inhalt ja auch noch so wichtig ist? Inhalte können bei StudentInnen überhaupt nicht landen. Das was StudentInnen wissen sollen, das Basiswissen ist schon so umfangreich, dass es auf beiden Seiten bei DozentInnen und StudentInnen beiträgt ein Gefühl von Zeitmangel zu entwickeln und nur noch auf die nächste Prüfung fokussiert zu sein, damit alle Inhalte einen Platz haben.

Ich habe gerade frisch eine Prüfung abgehalten, bei der ich einen so überraschten Studenten hatte, weil seine Note so gut war. Warum war er überrascht, er hatte die geforderten Kriterien erfüllt durch eigen gewähltes Wissen, nicht nur das, was wir im Unterricht vorgegeben hatten, er hat Verbindungen gelegt zu sich, zu seinen Normen und Werten, konnte dies in Verbindung setzen zu den Normen und Werten der Beteiligten, adäquat methodisches Handeln verantworten, hatte eine eigene Vision, eigene Sichtweisen und Ansätze und konnte dies noch auf eine ihm fremde Zielgruppe übertragen, na und das im 2. Studienjahr, das kann doch nur honoriert werden.

Ich traf ihn zwei Tage später wieder und er sagte, dass das Ergebnis so allmählich landen würde.

Was wollen wir erreichen? Wie viel Eigenheit darf sein und wie viel Übereinstimmung mit dem was zuvor durch Begleiter „einprogrammiert" wird?

Wie muss ein Begleiter dann sein, damit sich ein Professional Social Worker entwickeln kann? StudentInnen und DozentInnen und Begleiter diskutiert darüber!
Was denkt ihr?

Hier ist meine Meinung:

Ein Begleiter sollte
• Proaktiv sein
• Offen sein
• Mitteilend
• Lernend sein
• Sich selber immer wieder auf die Suche begeben
• Mehr wollen und nicht still stehen
• Sich vertiefen
• Auch schweigen können
• Interessiert sein an StudentInnen
• Die Gesellschaft und dessen Entwicklungen beobachten
• Eine Meinung haben und diese teilen
• Sich entwickeln
• Reflektiert sein
• Spaß haben, an den Inhalten, die er begleitet
• Motiviert sein
• Engagiert sein
• Potentiale erkennen
• Kritisch sein
• Hinterfragend sein
• Provozierend sein …

… Und vor allem Schlau^2 = anders! sein.

Danke

Harald und Christoph für ein aufregendes Familienleben und so viel Raum, Ziele und Träume zu verwirklichen und meine Getriebenheit zu ertragen.

Anne für den Schubs, diesen Schritt anzupacken.

Rebekka für die Unterstützung beim Fehler suchen.

Katja, Werner und Anne für die Unterstützung bei der Bearbeitung der Kasus.

Tobias, Kilian (auch für den organisatorischen Einsatz, selbst vom Krankenbett aus!), Desiree, Christina, Anna, Alewtina, Lena, Annika, Judith, Lisa, Maik, Laura, Melanie, Jane, Caroline – meine erste Euregio – Gruppe - für die Fotos.

Noten

1. Epistemisches Wissen: Wissen über die eigenen kognitiven Strategien und darüber, wie Wissen entsteht (Jenert, 2008, in Medienzoo)
2. Experiential learning: Erfahrungslernen; learning circle: Lernzirkel. „Kolb geht davon aus, dass Lernen aus der Erfahrung heraus begründet ist. Im Zentrum seiner Erklärungen stehen vier Phasen: Folgend auf eine konkrete Erfahrung (1) werden diese Erfahrungen beschrieben, kommuniziert und reflektiert, bevor (2) die Erkenntnisse daraus abstrahiert und so in einer Phase der Theoriebildung generalisiert werden. Die Ableitungen daraus (3) werden in praktischen Umsetzungen erprobt, indem sie wieder in konkretes Handeln und damit in (4) eine Phase der praktischen Erfahrung übertragen werden." (Kolb, 1975, in Häcker, Hilzensauer & Reinmann, 2008)
3. Reflection-in-action: Wissen, das sich spontan im praktischen Handeln zeigt; Reflection-on-action: rückblickendes analytisches Nachdenken über ein bereits vergangenes Ereignis – aus der Theorie des reflective professional learning / reflective practicioner (Schön, 1983, in Häcker, Hilzensauer & Reinmann,2008).
4. Bundesarbeitsgericht z. B. Senat 18. Juni 1997 - 4 AZR 764/ 95 - AP BAT §§ 22, 23 Sozialarbeiter Nr. 38 mwN; 26. Juli 1995 - 4 AZR 318/ 94 - AP AVR Caritasverband § 12 Nr. 8
5. Dort, wo „Lebenssituation" steht, wird immer auf das gesamte Lebensumfeld verwiesen, dazu gehören die folgenden Bereiche: Wohnen, Arbeit, Bildung, Tagesaktivitäten und Freizeit.
6. Eingebracht durch meinen Kollegen W. Popp.
7. vgl. Arnold (2009:128)
8. vgl. Arnold (2009:13ff) „Indem ich mich frage, seit wann ich diese meine Art zu fühlen und zu reagieren habe, beginne ich allmählich die Verantwortung für mich und mein Handeln zu übernehmen."
9. Konigwieser und Exner (1998:24)

Literaturverzeichnis

Ahrens-Eipper, S. (2002). *Soziale Unsicherheit im Kindesalter: Indikation und Evaluation eines verhaltenstherapeutischen Trainings.* Berlin: dissertation.de – Verlag im Internet GmbH.

Arnold, R.(2009).*Veränderung durch Selbstveränderung. Band 6*. Baltmannsweiler: Verlag Schneider Hohengehren.

Demann, S. (2009). *30 Minuten Selbstcoaching.* 30 Minuten Trainings. Offenbach: Gabal Verlag GmbH.

Koester, K. (2013). *Visie Leerlijn Professionele Ontwikkeling.* Nijmegen: Hogeschool van Arnhem en Nijmegen.

Kok, J.F.W. (2011). *Opvoeden als beroep: professioneel werken in zorg en onderwijs.* 9. Aufl. Den Haag: Boom Lemma uitgevers.

Königwieser, R. & Exner, A. (2006). *Systemische Intervention.* Stuttgart: Schäffer Poeschel Verlag.

Krizantis, J. (2013). *Eine Einführung in die Methoden der systemischen Beratung.* Heidelberg: Carl Auer Verlag.

Oerter, R. & Dreher, E. (2008). *Jugendalter. In R. Oerter & L. Montada (Hrsg.), Entwicklungspsychologie* (S. 271-332). Weinheim, Basel, Berlin: Beltz PVU.

Landelijk Opleidingsoverleg SPH (2009). *De creatieve professional - met afstand het meest nabij.* Amsterdam: Uitgeverij SWP.

Pallasch, W. & Kölln, D. (2009). *Pädagogisches Gesprächstraining: Lern- und Trainingsprogramm zur Vermittlung pädagogisch-therapeutischer Gesprächs- und Beratungskompetenz.* Verlag: Beltz. Juventa.

Schippe, A. von & Schweitzer, J.(2007): *Lehrbuch der systemischen Therapie und Beratung.* Göttingen: Vandenhoeck & Ruprecht.

Spiegel, H. von (2008). *Methodisches Handeln in der Sozialen Arbeit.* 3. Aufl. München: Ernst Reinhardt Verlag.

Wilke, H.(1994). *Systemtheorie II: Interventionstheorie.* Stuttgart: Lucius&Lucius. UTB.

Literaturempfehlung zum Kasus von Anne Dore Moll:

Barthelmess, M. (2005). Systemische Beratung. Eine Einführung in psychosoziale Berufe. Verlag: Beltz.Juventa.

Berghaus, M. (2004). *Luhmann leicht gemacht.* 2. Auflage. Köln: Böhlau Verlag.

Internetquellen

Deutscher Berufsverband für Soziale Arbeit e.V. (2009). *Grundlagen für die Arbeit des DBSH e.V.: Dokument 7 Schlüsselkompetenzen für die Soziale Arbeit.*
Abgerufen am 15/06/2014 von
http://www.dbsh.de/fileadmin/downloads/grundlagenheft_-PDF-klein_01.pdf_

Deutscher Berufsverband für Soziale Arbeit e.V. (2014) *„Gerechtigkeit, Verantwortung und Sicherheit - Soziale Arbeit positioniert sich".*
Abgerufen am 15/06/2014 von
http://www.dbsh.de/beruf.html

Jenert, T. (2008). *Ganzheitliche Reflexion auf dem Weg zu Selbstorganisiertem Lernen. Ausgabe 2 Schwerpunkt„ "Reflexives Lernen",* hrsg. von Thomas Häcker, Wolf Hilzensauer & Gabi Reinmann.
Abgerufen am 15/06/2014 von
http://www.bildungsforschung.org/index.php/bildungsforschung/article/view/76/79

Knoope, M. (2008). *De creatiespiraal.*
Abgerufen am 15/06/2014 von
http://www.complexiteit.nl/19665404.html

Lehr- und Studienservice Graz (2014). *Die Beschreibung der unterschiedlichen Niveaus auf Bachelor- und Masterstudienebene die Dublin Descriptors.*
Abgerufen am 15/06/2014 von
http://lehr-studienservices.uni-graz.at/de/lehrservices/curriculaentwicklung/dublin-deskriptoren/

Ministerium für Schule und Weiterbildung des Landes Nordrhein-West-falen (2013). *Verordnung über die sonderpädagogische Förderung, den Hausunterricht und die Schule für Kranke.*
Abgerufen am 13/06/2014 von
http://www.schulministerium.nrw.de/docs/Recht/Schulrecht/APOen/SF/
AO_SF.pdf

Ministerium für Schule und Weiterbildung des Landes Nordrhein-West-falen (2013). *Bildungsportal: Förderschwerpunkt Lernen.*
Abgerufen am 13/06/2014 von
http://www.schulministerium.nrw.de/docs/Schulsystem/Schulformen/Foer-
derschule/Foerderschwerpunkte/index.html

Kolophon

Schlau^2 = anders
Ein Diskussions- und Arbeitsbuch Social Work
Katja Koester

ISBN 978 90 8850 547 8
NUR 740/847

Fotos
Studenten des 1. Studienjahres der SPH plus Variante 2013/2014

Design/Gestaltung
Lieve Maas, brightlightgraphics.com

Herausgeber
Ingrid de Jong

Für Informationen über weitere Ausgaben des Verlags SWP:
Postbus/Postfach 257
1000 AG Amsterdam
Telefon: (020) 330 72 00
Fax: (020) 330 80 40
E-Mail: swp@mailswp.com
Internet: www.swpbook.com

www.ingramcontent.com/pod-product-compliance
Lightning Source LLC
Chambersburg PA
CBHW080237270326
41926CB00020B/4268